JN207660

The fundbook Model

顧客の成功を実現する
最高峰のM&A

株式会社fundbook
渡邊 和久

CROSSMEDIA PUBLISHING

はじめに

M&Aの未来をつくる

増え続けるM&Aと、その背景にある課題

M&A――Mergers and Acquisitions（買収・合併）は、企業の事業承継や成長戦略における重要な選択肢として、その活用が広がっています。

特に近年、中堅・中小企業のM&A件数は増加の一途を辿ってきました。

その背景には、これらの企業の経営者の高齢化や後継者不足といった喫緊の課題があります。会社が廃業すれば、社員の雇用もその会社が培ってきたノウハウや組織文化も失われてしまいます。

これまで築き上げてきた事業を未来へと継承する、そのための手段としてM&Aが脚光を浴びているのです。

国内には約360万社の企業があります。そのうち大企業は約0・3%にすぎず、99%以上を占めているのが中堅・中小企業です。

M&Aにはさまざまな規模や種類がありますが、いま増えているのは、「エンタープライズ」と言われるような大企業や、ビッグテックによる大型買収ではなく、日本国内の99%以上を占める「中堅・中小企業」同士におけるM&Aです。

M&Aを取り巻く環境の変化と、新たな課題

事業承継の手段として有効性の高いM&Aを推進するため、中小企業庁が指揮を執り、「中小M&Aガイドライン」や「事業承継ガイドライン」を制定してきました。

そもそもM&Aを支援する機関には金融機関、M&A仲介会社、ファイナンシャル・アドバイザー(FA)、税理士や会計士などがありますが、中堅・中小企業のM&Aでは仲

介会社を使うケースが一般的です。ニーズの高まりとともにM&A仲介会社の数は増加しており、M&A仲介会社やFAが含まれる、中小企業庁の「M&A支援機関登録制度」には約3000もの機関が登録されています。

M&Aには専門知識が不可欠であり、そのプロセスは複雑です。**そのため、専門的な知識を有し、M&Aを支援する仲介会社の存在は欠かせません。**

しかし、これらの機関が増えるにつれて「M&A仲介」に関する課題が浮き彫りになってきました。

M＆A仲介の課題に誠実に向き合う

私たちはM&A仲介会社として、後継者不在や資金繰りなど、M&Aを検討する企業の課題に向き合うのは当然のことだと考えています。

そのうえで、私たちが特に力を入れているのは、従来のM&A仲介の構造に内在する課題を解決することです。

従来のM&A仲介では、譲渡企業と譲受企業の間で仲介会社が情報連携を担う構造があり、どうしても仲介会社に情報が集中する傾向があります。

その結果、情報の非対称性が生じます。

「仲介会社はきちんと多くの選択肢を見て、M&Aの相手となる企業を選んでくれているのか」

「売却額は適切なのか」

こうした情報が不透明になり、譲渡企業と譲受企業、それぞれの経営者を不安にさせてしまうことが少なくありません。

気軽にM&Aの相談ができて、安心してM&Aが選択できる世界へ

大企業や成長ベンチャーであれば、M&Aの経験や知識も豊富であり、こうした情報格差にも柔軟に対応できるかもしれません。

しかし、中堅・中小企業にとって、M&Aは「一生に一度」と言えるほど重要な決断です。不慣れなプロセスに不安を感じるのも無理はありません。特に経営に行き詰まっている状況でM&Aを検討する場合、その不安はなおさら強まるでしょう。

私たちは、M&Aが本来持っている、企業の存続や成長を実現するというポジティブな可能性を、より多くの企業に実感していただきたいと考えています。**そのため、これまでM&Aにおいて課題とされてきた「情報の偏り」を解消し、より「気軽」にM&Aを検討できて、「安心」してM&Aに取り組める世界を実現したいと強く願っています。**

この願いを実現するために立ち上げたのが、当社 fundbook です。

日本の中堅・中小企業の事業を守り、気軽にM&Aをひとつの選択肢として検討できる社会を実現すれば、それぞれの企業の経営者・株主・取引先・従業員、さらにその家族まで守ることができるはず。そう信じています。

本書では、私たちが向き合う中堅・中小企業のＭ＆Ａに焦点を当てます。従来のＭ＆Ａ仲介が持っていた構造的な問題にどのように向き合い、いかにして日本のＭ＆Ａの在り方をよりよいものに変えていくことができるかについて、具体的に解説していきます。

M&A仲介の新たなスタンダードをつくるために私たちが確立した仕組みが「The fundbook Model」です。

この仕組みによって実現されつつあるＭ＆Ａの未来を見ていきましょう。

Contents

The fundbook Model

はじめに

第1章

日本のM&A仲介の課題

第2章

すべての課題を解決する The fundbook Model

第3章

マッチングの質と量を担保するハイブリッド型モデル

第4章

専門化と効率化をもたらす分業体制とDX

第5章 The fundbook Modelが価値発揮した事例

おわりに

The fundbook Model を M&A の新常識へ

The

第1章

日本のM&A仲介の課題

fundbook

Model

日本社会の問題とM&A

「後継者不在」問題

もっと早くM&Aを知っていれば、廃業せずに済んだ企業。M&A仲介会社に相談していれば、従業員を守ることができた企業。

M&Aを活用すればまだまだ存続し成長し続けられたはずの企業が、日本には数多く存在しています。

企業と言っても規模や業種はさまざまです。町工場もメーカーも運送会社もメディアも農家も、すべて企業です。

こうした日本にある企業の多くが現在、共通して直面している問題があります。

それは「後継者がいない」ことです。

一代で企業を大きくしてきたけど、跡取りがいない。息子が二代目を継いでくれたけど、三代目はやりたくないと言っている。社内に会社を継げるような人材もいない。知り合いに会社を任せられる人も見つからない。

そうして後継者不在の状況に追い込まれるうちに、経営者はさらに歳を取り、経営を維持できなくなる。あるいは業績に問題がないにもかかわらず、引き継ぐ人材がいないことで黒字倒産してしまう。日本国内では、こうした状況が後を絶ちません。

後継者不在のなかでどのように「事業承継」を行うか。それが日本の中堅・中小企業の大きな課題となっており、それを解決する手段としてＭ＆Ａが注目されているのです。

成長戦略としてのM&A

そして、M&Aは単に後継者不在問題の解決策としてだけでなく、企業を成長させるための戦略としても注目されています。

近年、政府の産業政策として「中小企業の成長を加速する」という方向性が明確になっており、今後は成長戦略を実現するためのM&Aが活性化していくと推察されます。

2024年6月に公表された中小企業庁の「中小企業の成長経営の実現に向けた研究会第2次中間報告書」では、日本経済が持続的に発展していくためには売上100億円規模の企業を増やすことが重要であると分析されています。

M&Aによって大手企業グループの一員となることで、自社単独では調達することが現実的には不可能だった経営資源が手に入り、飛躍的かつ継続的な成長の可能性が広がります。

後継者不足の解決策としても、成長戦略としても有効なのが、Ｍ＆Ａなのです。

事業承継の４つの方法

まずはＭ＆Ａについてお話しする前提として、事業承継の基本を解説します。
一般に事業承継には大きく分けて４つの方法があります。

①親族内承継
②社内承継
③新規上場（ＩＰＯ）
④第三者承継（Ｍ＆Ａ）

それぞれどんな特徴があるのか、要点を見ていきましょう。

①親族内承継

これは、息子、娘、甥などの自然血族や、娘の配偶者や養子などの法定血族に事業を承継する方法です。

親族へ事業承継するメリットは何でしょうか。

それは、生前贈与・株式売却・相続など複数の承継方法を選択できることです。特に生前贈与を上手く活用すれば、相続税対策にもつながります。

さらに親族への事業承継の場合、後継者候補が明確であり、早期から育成を開始しやすいため、他の事業承継の方法に比べて経営者の育成に時間をかけやすいと言えます。たとえば、子どもに事業を継がせる場合、子どもが自分の企業に入社してから数年かけて経営者として育成できます。

それに加えて、親族は社長と血縁があるため、従業員や取引先も「社長の親族が次の社長になるのか」と納得してくれやすいです。

一方で、親族への事業承継にはデメリットもあります。

まず、親族に後継者の資質がある人がいるとは限りません。また、後継者にしようとした親族が経営に関心がない場合や、事業の将来性に不安を感じ承継をためらう場合もあります。後継者候補の親族が複数存在する場合、後継者候補に選んだ親族以外の反対にあうこともあります。

また、現経営者が過去に行った借入に対する個人保証や、契約などの責任も親族内で引き継ぐことになる点もデメリットと言えます。

②社内承継

これは、社内で役員や従業員に事業を引き継ぐことです。

この方法のメリットとして挙げられるのは、社内で事業に関わっていた役員や従業員が後継者となるため、後継者以外の従業員の理解を得やすい点です。また、社内の人間なので、経営方針や事業への理解が深い点も魅力的です。


ですが、社内承継にもデメリットがあります。

まず、この承継方法では、後継者が株式を買い取る必要があるため、まとまった資金を役員や従業員が準備する必要があります。また、役員や従業員であっても、経営者としての能力が不足している場合もあります。さらに経営者が個人的に会社の債務を保証している場合、後継者への債務の引き継ぎが困難になることがあります。

ここまで「親族内承継」と「社内承継」のメリットとデメリットを見てきました。ですが、最初にお伝えしたように、そもそも現代の日本の中堅・中小企業では、親族にも社内にも後継者がおらず、この2つがそもそも選択肢に入らないことが少なくありません。

③新規上場（ＩＰＯ）

これは、未上場の企業が証券取引所に上場して、新規に株式を公開することです。次に見る第三者承継では基本的に一対一の取引で企業の経営権、事業を譲渡するのに対して、新規上場の場合は、不特定多数の投資家から資金を調達することになります。

メリットとして挙げられるのは、株式公開により十分な資金調達が可能となり、事業が後継者の手に渡った後も継続的に運営できる基盤が整うことです。また、上場を通じて財務やガバナンスの透明性が向上し、企業の知名度や信頼性も高まります。そのため優秀な人材が集まるようになり、より多くの優秀な候補者から後継者を選ぶことも可能になります。

一方、ＩＰＯの準備には多額のコストと時間がかかり、監査や法務対応などさまざまな条件を満たす必要があります。多くの中堅・中小企業にとってはハードルが高く、一般的に事業承継問題の解決策として用いられることはほとんどありません。

④第三者承継（Ｍ＆Ａ）

後継者が不在の場合の事業承継の手段として有効なのが第三者承継です。これは、親族でも従業員でもない、第三者である企業が後継者となるものです。

この承継を行うための方法がＭ＆Ａです。

Ｍ＆Ａの主な手法

ここからは、Ｍ＆Ａについて詳しく見ていきましょう。

Ｍ&Ａとは「Mergers and Acquisitions（合併と買収）」の略で、資本の移動を伴う企業の合併と買収を指します。

会社を譲り渡す企業を「譲渡企業」、譲り受ける企業を「譲受企業」と呼びます。

このようなM&Aには、さまざまな手法（スキーム）があります。主なものをご紹介します。

①株式譲渡

譲渡企業（A社）の株主が、譲受企業（B社）に対して保有する株式の全部または一部を金銭などの対価と引き換えに譲渡することで、A社の経営権を移転させる手法です。

そのため、株式譲渡を実行した場合は、会社の所有者が変わるだけであり、会社に属する従業員、資産、契約などはすべて承継されます。

中堅・中小企業のM&Aでは、これが最も一般的な手法です。

②事業譲渡

株式譲渡が会社全体の経営権を移転させる手法であるのに対し、特定の事業だけを譲渡する手法です。譲渡企業が一部の事業だけを譲渡したい場合や、譲受企業が赤字の事業を承継したくない場合などに利用されます。

各種契約の結び直しや許認可の再取得、従業員の転籍などが必要となり、手続きがやや複雑になります。他方で、譲渡の対象を特定事業に限定できる、事業譲渡を実施した後も株主が譲渡企業の経営権を持ち続けられるなどのメリットがあります。

③第三者割当増資

これは、譲渡企業（Ａ社）が新たに株式を発行し、特定の第三者（Ｂ社）に株式を割り当てることです。特定の企業との業務連携や財務基盤強化のために活用されます。

既存株主の持ち株比率の変動や１株あたりの株式の価値の変動なども考慮したうえで、会社法に定められた所定の手続きが必要です。

④会社分割

会社法が定める組織再編の手続きのひとつであり、譲渡企業の法人格を残したまま、会社の事業に関する権利義務の全部または一部を他の会社に承継させる手法です。Ｍ＆Ａでは、一部の事業の切り出しのほか、株式に問題があり株式譲渡の手法が実施できない場合の対応としても使われる手法です。

事業譲渡と似た手法ですが、包括承継のため、取引先・従業員との個別の契約の巻き直しは不要です。

⑤合併

複数の会社をひとつの会社に統合することで、会社分割と同じく会社法が定める組織再編の手続きのひとつです。

合併により消滅する会社の権利義務のすべてを合併後に存続する会社に承継させる方法です。吸収される側の法人格は合併後に消滅します。法人格が消滅するため、ＰＭＩ（Post Merger Integration）、つまり、統合効果を最大化するための一連のプロセスの負担が大きくなります。

組織再編の手続きには他にも株式交換、株式移転、株式交付などがあります。

⑥合弁会社設立

合弁会社（ジョイント・ベンチャー）とは、複数の企業が共同出資し、新しい会社を設立して事業を行うことです。資本の移動を伴うことから、広義の意味でのＭ＆Ａに含まれます。

合弁会社を設立するメリットは、それぞれの企業がノウハウ、技術、ブランドなどの経営資源を持ち寄ることで、スピード感を持って事業を行える点です。

一方で、出資会社同士で利害が対立すると、意思決定の遅れや対立につながる可能性があります。

このようなＭ＆Ａの手法で、事業承継を実現し、企業の成長を促進させることができるのです。

「後継者不在」を解決するＭ＆Ａ

後継者不在問題を抱えた企業に対し、他の企業がＭ＆Ａを実施する。こうすることで廃業を防ぎ、後継者を見つけ出していく。これは、今や国の方針でもあります。

これまで見てきたように、Ｍ＆Ａが中堅・中小企業の中で事業承継の手段として捉えられるようになってきた背景には、経営者の高齢化による後継者不在問題があります。少子高齢化が進む日本では、例に漏れず経営者も高齢化しています。中小企業庁が発表した経営者年齢の分布状況を見てみましょう。

「2024年版　中小企業白書」によれば、2000年の経営者年齢のピーク（最も多い層）が「50〜54歳」でしたが、5年経過するごとにピークが移動し、2015年には「65〜69歳」がピークとなっています。しかし、2023年には「55〜59歳」をピークとして分散している状況が確認できます。このことから、少なくとも一時的には、経営者年齢の高齢化が食い止められたと言えるでしょう。

その背景には、中小企業庁の旗振りもあり、M&Aが進んできたこと、コロナ禍で廃業する企業がいたことなど複合的な要因が考えられます。一方で、経営者年齢が70歳以上である企業の割合は2000年以降最高となっていることから、事業承継が必要となる企業は依然として相当程度存在していると言えます。

また「2024年版　中小企業白書」によれば、中堅・中小企業の後継者不在率の状況は、2018年以降減少傾向にありますが、2023年時点で54・5%となっており、なおも半数近くの企業で後継者が不在となっていることが示されています。

親族内、または社内に後継者がいる場合は、親族内承継か社内承継か、それともM&Aかという検討を行うことができます。しかし後継者がいないケースでは、最初から親族内

図1◎中小企業の経営者年齢の分布（年代別）

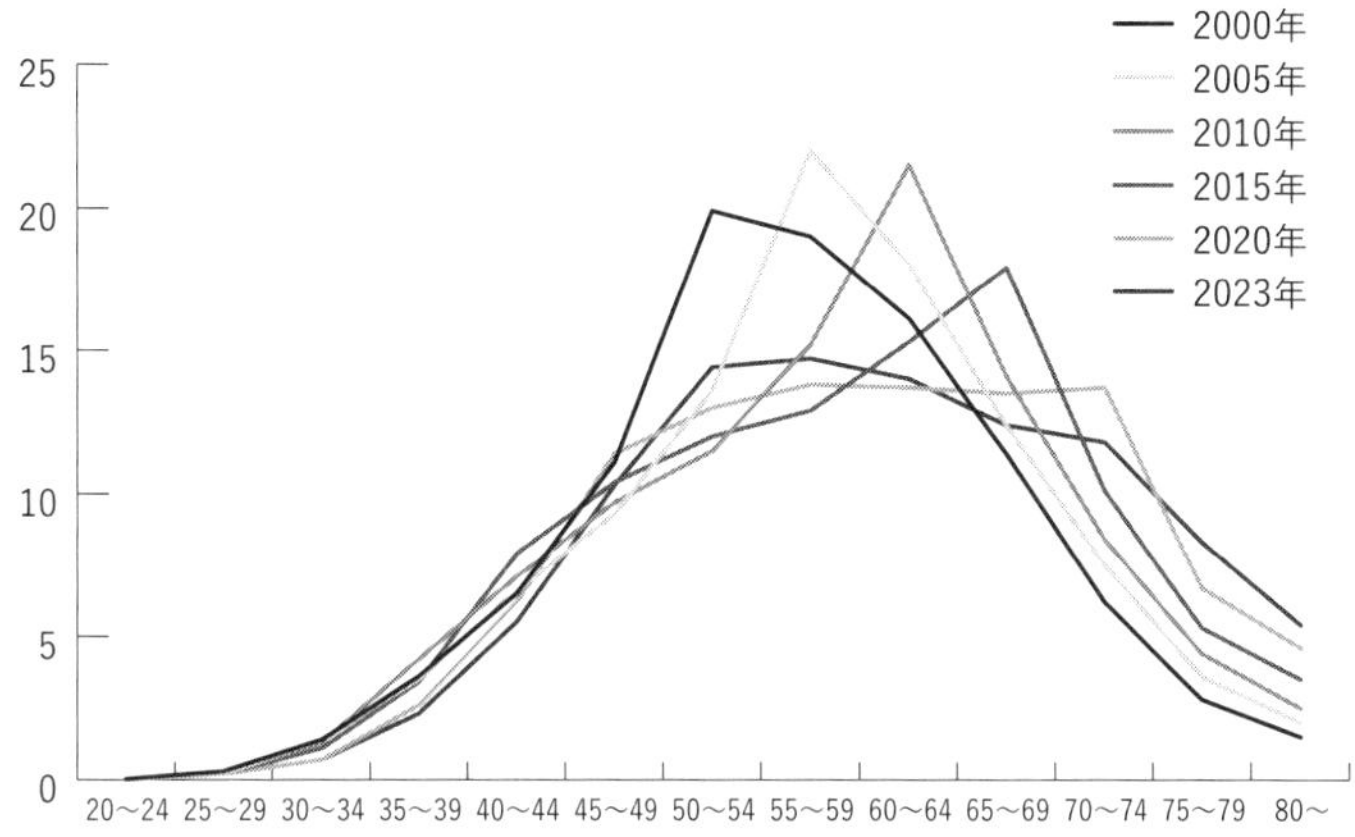

中小企業庁「2024年版　中小企業白書」より作成

承継と社内承継の可能性は低く、ＩＰＯも現実的な選択肢になりません。そのとき、Ｍ＆Ａが魅力的な選択肢となります。

こうした状況だからこそ、Ｍ＆Ａが注目されているのです。

Ｍ＆Ａによって譲渡企業は長年育ててきたビジネスを存続させられることはもちろん、従業員の雇用を守ることができます。

また、Ｍ＆Ａは早ければ数カ月で成立するため、時間をかけられない高齢のオーナーにも適した手法です。

さらに、Ｍ＆Ａによってまとまった資金を得られ、原則として個人保証からも解放されるため、経営者にとってはハッピーリタイアを実現

図2 ● 中小企業における後継者不在率の推移（年代別）

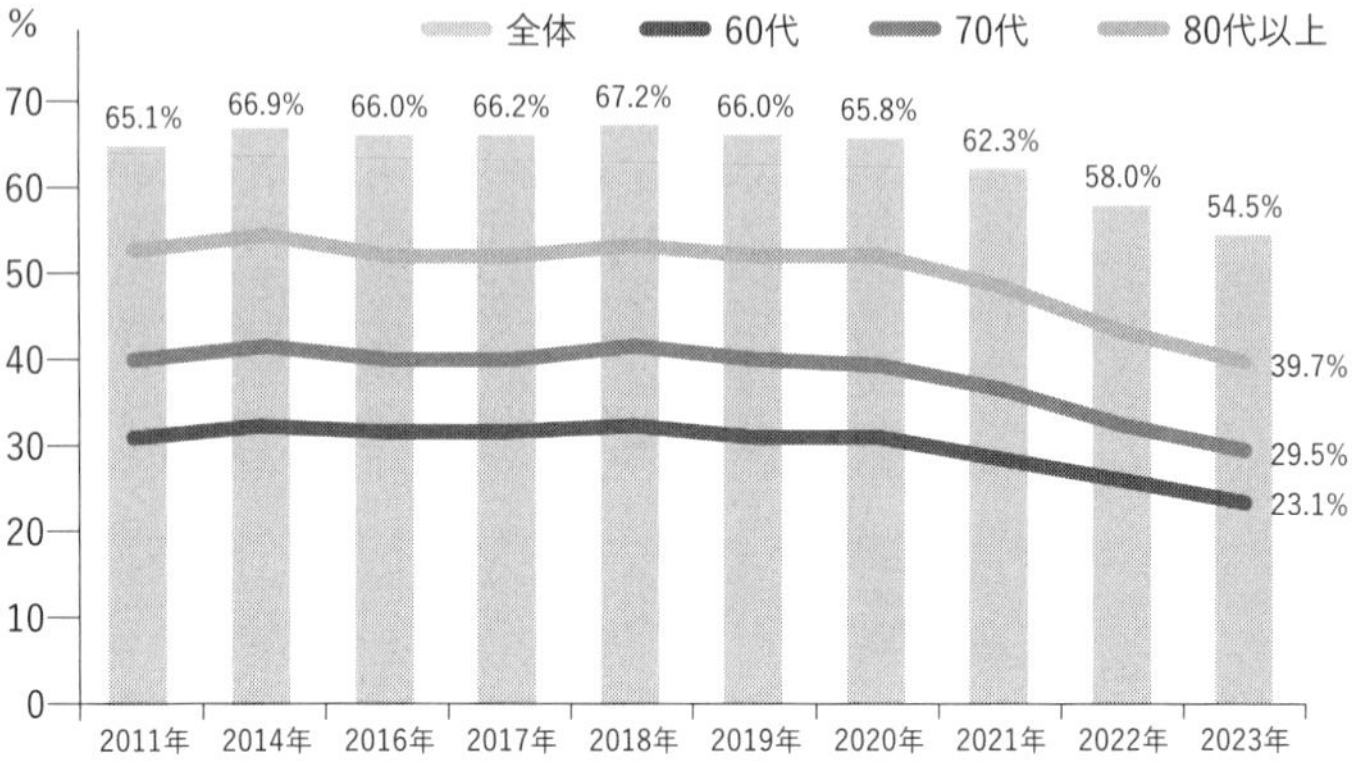

中小企業庁「2024年版　中小企業白書」より作成

しやすい方法とも言えるでしょう。

そして、M&Aは事業を存続させられるだけでなく、譲渡した事業と譲受企業がすでに有している事業を組み合わせることでシナジーを起こし、成長を促進する力を持っています。

M&Aが事業成長に寄与するものであることは、中小企業庁のデータからも明らかです。「2023年版　中小企業白書」によれば、事業承継を実施した企業の承継後9年間の売上高成長率を同業種の平均値と比較すると、事業承継後2年目までは、売上高成長率は同業種平均値を下回っていますが、3年目から徐々に同業種平均値を上回ってきており、特に5年目からその傾向が強まっていることが読み取られます。

総じて、事業承継を実施した企業は実施していない企業と比較して、その後の業績がよい傾向にあると考えられ、事業承継は企業の成長機会にもなり得ると言えます。

このように事業承継の手段として有効性の高いＭ＆Ａを推進するため、これまで中小企業庁が指揮を取り、「中小Ｍ＆Ａガイドライン」や「事業承継ガイドライン」を制定してきました。

それと呼応して、民間のＭ＆Ａ支援機関が増加しており、中小企業庁の「Ｍ＆Ａ支援機関登録制度」には約３０００もの機関が登録されています。

Ｍ＆Ａに対するイメージの変化

Ｍ＆Ａは明治期から行われてきましたが、買収される側の視点からは毛嫌いされる傾向がありました。「乗っ取りだ」「ハゲタカが来た」と、大企業が中堅・中小企業を「食う」というイメージが強かったからです。

実際、Ｍ＆Ａは一定規模のある企業がさらなる事業拡大や市場参入のために活用されて

図３●事業承継実施企業の承継後の売上高成長率（同業種平均値との差分）

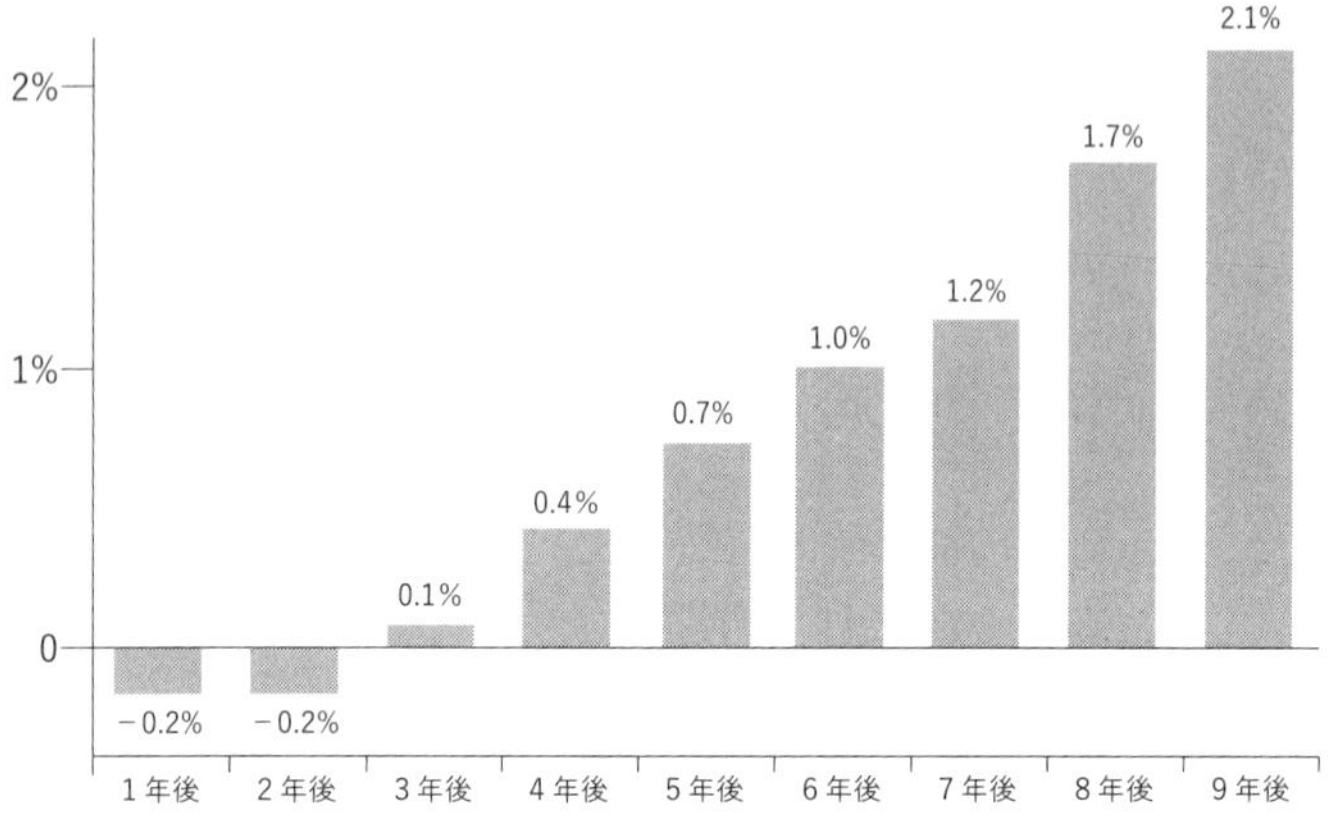

中小企業庁「2023年版　中小企業白書」より作成

きた側面もあり、ニュースで取り沙汰されるのは「敵対的買収」などが多いため、そういったイメージがつくのも当然のことでしょう。

しかし、ニーズの高まりや仲介会社の増加とともに、M&Aのイメージは変わりつつあります。国をはじめとした機関や団体の啓蒙活動の甲斐もあり、中堅・中小企業の経営戦略として「M&Aでもビジネスを存続させられるんだ」とポジティブなイメージが徐々に広がり、ネガティブなイメージは払拭されてきました。

「2021年版　中小企業白書」によれば、M&Aに対するイメージの変化を調査したところ、10年前と比較して「買収すること」について33・9％、「売却（譲渡）すること」について21・9％が「プラスのイメージになった」と回

図４◉10年前と比較したＭ＆Ａに対するイメージの変化

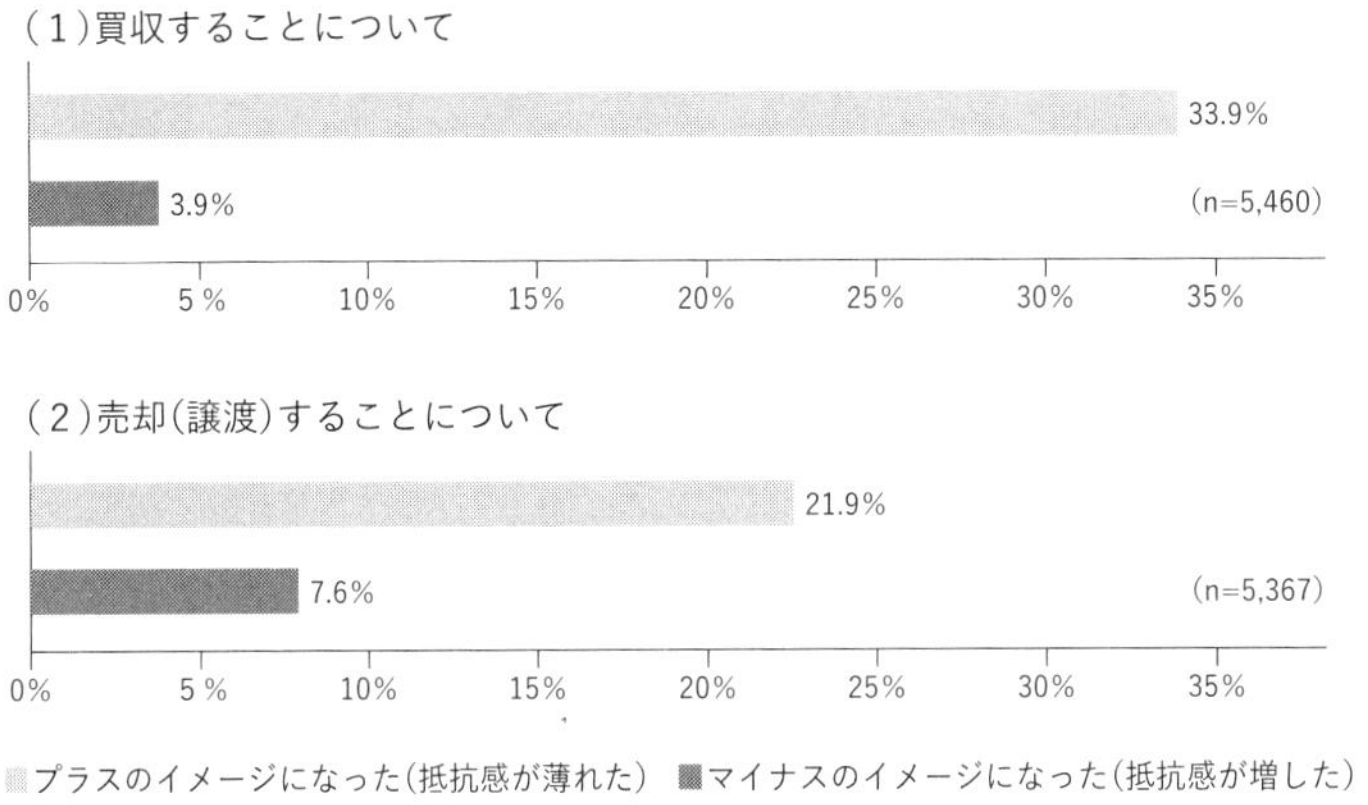

中小企業庁「2021年版　中小企業白書」より作成

答しています。年代別のデータでは、経営者年齢が若い企業ほど「プラスのイメージになった」とする割合が高くなっています。

それでもマーケット規模や、Ｍ＆Ａそのもののポテンシャルを思えば、認知度はまだまだ低いと言わざるを得ません。

中堅・中小企業のM&Aを支援する仲介会社の役割

中堅・中小企業がM&Aを選択するにあたり、M&A仲介会社は重要な役割を果たしてきました。中堅・中小企業の経営者が、自社を売却しようと考えるとき、3つの選択肢があります。

①直接自分で交渉を行う
②ファイナンシャルアドバイザー（FA）を立てて交渉を行う
③仲介会社に依頼する

このうち、直接自分で交渉を行う選択肢は、候補先探しを自ら行う労力とネットワーク、契約締結にあたっての膨大な専門知識やノウハウが求められ、リスクも大きいため現実的ではありません。FAを立てる選択肢も、中堅・中小企業には適していない傾向があります。この方法では、譲渡企業と譲受企業、それぞれがFAを雇い、自社の利益を最大化するために交渉を行いますが、この交渉では、双方の利益の主張の対立から、最悪の場合、交渉決裂を招くリスクもあるためです。また料金が高額になる傾向があることも、中堅・中小企業が選びにくい理由となっています。

ＦＡ契約が向いているのは、大手上場企業やクロスボーダーＭ＆Ａ（海外Ｍ＆Ａ）などの場合です。上場企業の場合、経営陣と株主が別々であることが多く、Ｍ＆Ａは「株主にとって不利益がないか」が厳しく精査される重要事項として取り扱われます。そのため、場合によっては株主にとって利益を最大化しているかどうかに疑義が出される可能性があります。もし、自社にとっての利益を最大化していないと判断されると、株主から訴訟を起こされるおそれもあるでしょう。このようなリスクを回避するために、先に挙げたようなケースではＦＡの支援を受けるケースが多く見られます。

それに対して、仲介会社に依頼する場合、仲介会社は譲渡企業と譲受企業の間に立って双方の意見をまとめたうえで、中立的なアドバイスを提供し、互いにとってのベストな道を探ります。

そのため、ＦＡを立てるよりもスムーズにＭ＆Ａが実行されやすいという特徴があります。仲介会社は、どちらか一方の利益の最大化ではなく、双方の条件をすり合わせて、それぞれの利益のバランスを考えたM&Aを目指します。

友好的なM&Aを成立させるためにも、中堅・中小企業では仲介会社に依頼するケースが一般的です。売却を考える中堅・中小企業にとって検討しやすい最適な選択肢と言えるでしょう。

それにもかかわらず、これから見ていくようにM&A仲介会社は構造的な問題を抱えており、中堅・中小企業の経営者に最適なサービスを提供できていないという現状があります。

fundbookが向き合う、Ｍ＆Ａ仲介の構造的問題

Ｍ＆Ａはどこに相談すればいいのか

当社fundbookは、創業者の畑野幸治がバイセルテクノロジーズ（BuySell Technologies、以下バイセル）という会社で新規事業部として、プラットフォームを活用したＭ＆Ａ仲介事業を立ち上げたことから始まりました。それをスピンオフさせてつくったのがfundbook（当時FUNDBOOK）です。

fundbookは「気軽にＭ＆Ａの相談ができて、安心してＭ＆Ａが選択できる新しい世界を創出する」というパーパスを掲げています。

創業当時は、顧客と社員を含めた全員の成功を目指す意味で「Success for all」というビジョンを掲げていました。そして2023年1月に、バイセル時代から畑野が抱いてきた理念や課題意識をより的確に言語化したのが、現在のパーパスです。

ステークホルダーに対してよりわかりやすい表現に変更しましたが、根幹にある想いは、創業時から変わっていません。

バイセル時代、畑野は一定程度の規模になったタイミングでイグジット（創業者や経営者が保有する株式を売却すること）を検討していました。ところが、そこで直面したのが自社の譲渡について相談できる場所はどこなのか、誰に相談すればいいのか、相談先は存在するのかという問題です。

そもそも相談先は個人なのか組織なのかもよくわからない。銀行はM&Aにも詳しいかもしれませんが、自社が借り入れをしている銀行に「会社を売りたいのですが」と相談するわけにもいきません。譲渡をしたいという明確なニーズがあるにもかかわらず、その相談先がわからないのです。

調べていくうちにM&A仲介会社という存在を知り、仲介を依頼することにしました。しかし、そこで「候補となる企業数の少なさ」という問題に直面しました。コンサルタントに頼んで候補先を見せてもらったところ、その書面に載っていたのは、片手で収まる数の企業の情報が載ったリストだったのです。

「自社を買収する可能性のある企業は、たったこれだけしかないのか……？」

畑野はショックに似た感情を抱くとともに純粋な疑問を持ちました。そもそも本当に「マッチング」は行われているのか。ただ適当に合いそうな企業を見つくろっているだけじゃないのか。期待値とのギャップの大きさに、疑念が強まっていきました。

もっと誰もがM&Aを選択肢として捉えられるようになり、情報を得られる状態にしなければならない。そうした課題意識に端を発して、fundbookは誕生したのです。

そして、M&A仲介について調べていくと、その仕組みに大きな問題があることがわかってきました。

M&A仲介における問題は、大きく分けて3つあります。

①サービスを受ける側と提供する側に情報の非対称性があり、アンフェアである
②M&A仲介業務の仕組みが非効率である
③担当者によってサービスの品質が大きく異なる

そして、これらはすべて仕組みの構築が不十分であることに由来しています。ひとつずつ見ていきましょう。

M&A仲介の問題❶ 情報の非対称性

まず、「情報の非対称性」について説明します。

M&A仲介では、一般的にM&AコンサルタントやM&Aアドバイザーと呼ばれる専任の担当者が仲介業務を行います。従来は、この担当者がひとりで譲渡企業の条件に合った譲受企業を探し出していました。特に専門部署のサポートやシステムがあるわけではない状況です。

提案できる企業数はマンパワーに比例するため、ひとりがリストアップできる数には限界があります。それでも仲介を行うコンサルタントは、数少ない候補のなかから一社を選んで成約を目指すことになります。

すると、自分が以前からつながりのある数社だけに絞ってマッチングを完了させてしまうコンサルタントが現れることもあります。

その場合、全国に存在するさまざまな企業から候補先が選ばれるわけではないため、譲渡企業が持っている希望譲渡価額、譲受企業の経営方針や代表の人柄といった要望や条件を満たせない懸念があります。

また、譲渡企業が譲受企業に「選んでもらう」という力関係があると、譲渡企業が本来は重視したい企業価値評価（バリュエーション）も、譲受企業側の要望が強くなり、譲渡企業がそれを受け入れざるを得ないという利益相反が生じる可能性も高まってしまいます。

M&Aにおける円滑な取引のためには、透明性と情報共有が不可欠です。譲渡企業の希望譲渡価額は、交渉の出発点として尊重されるべきであり、単に譲受企業の予算やバリュエーションのみを基準とした価額決定は避けるべきです。

また、譲渡企業は、譲受企業から提示された価額が適正かどうかを判断できるだけの情報を提供される必要があります。そのため、仲介会社は譲受企業の条件や要望を譲渡企業に明確に伝え、双方の要望を丁寧にすり合わせ、交渉のプロセス全体を透明化するべきなのです。

具体的には、どのようなコミュニケーションが行われたのかを双方に対して明確に開示し、双方が納得できる合意形成をサポートすることが重要です。


しかし、仲介業務は極めて属人性が高く、譲渡企業も譲受企業もほとんどすべての情報がM&Aコンサルタントを通して提供されることになるため、どんなコミュニケーションが行われているのか、どんなロジックで価額が決まっているか、どんな候補先企業にどれくらいの提案を行ってマッチングを進めているのかが十分に伝えられない懸念があります。その場合、コンサルタントから「これが正しい」と言われれば、そうなのかと思ってしまいかねません。

現在のM&A仲介の構造では、情報がブラックボックス化しやすいのです。

こうした情報格差があることで、これまで買収を行う譲受企業に有利な条件で行われるＭ＆Ａが多くなる傾向がありました。Ｍ＆Ａについて譲受企業側の意見が通りやすくなる要因は、「買収できる資本力がある」という力関係ではなく、Ｍ＆Ａ仲介の取引構造に由来しているのです。

フェアなマッチングを実現するためには、さまざまなマッチングの可能性が考慮されなければなりません。

単純に考えれば、３社の候補から１社を選ぶよりも、１００社に当たって選ぶほうが、さまざまな条件を比較検討でき、希望の企業とマッチングしやすくなるでしょう。

Ｍ＆Ａコンサルタントの存在自体に問題があるわけではありません。彼らは譲渡企業と譲受企業の双方について深く知ることができるため、「この企業なら、きっとあの企業が合うはずだ」という感覚を持っています。これは、譲渡・譲受企業の双方にとってメリットとなります。

ただ、こうしたことを踏まえても、情報の非対称性による「フェアではない」状態が起こっています。

譲受企業を選ぶのは、M&Aコンサルタントではなく、譲渡企業自身であるべきでしょう。

M&A仲介の問題❷

仲介業務の非効率性

次に、M&A仲介で大きな問題となっている「仲介業務の非効率性」について説明します。

M&Aコンサルタントを支える仕組みがなく、業務の属人性が高いために、マッチングをはじめとする仲介業務全般が非常に非効率な状態になっています。

たとえば、譲渡企業から「100社の候補を出してほしい」と言われたとしても、ひとりのコンサルタントが100社の候補を探し出すには、何カ月もかかってしまうでしょう。M&Aの検討期間が延びると、情報漏洩のリスクが高まり、自社を譲渡しようとしていることが従業員の耳に入る可能性も高まっていきます。

やはり譲受企業を見つけるのが早ければ早いほど、リスクを最小にできますし、譲渡企業の経営者が考えているタイミングにも合わせやすくなります。

コンサルタントの視点で見ても、マッチングが属人的である状態では、仲介業務を進めることが難しくなってしまいます。譲渡の相談を受けた場合に、自分の知っている企業しか顧客に紹介できないため、適切なマッチングができる確率がそもそも低いからです。

マッチングだけでなく、譲渡企業の情報をまとめ、その価値を伝える書類である「企業概要書（Information Memorandum）」の作成は、さまざまな調査や手続き、専門的な知識が必要であり、多くの場合数カ月に及ぶ時間がかかってしまいます。また、Ｍ＆Ａに関わる契約書は複雑なものが多く、作成に何時間もかかってしまうものも少なくありません。

より広く日本社会全体という視野で見たとき、事業承継に関する問題を抱えている企業は多数存在しています。

コンサルタント一人ひとりができるだけ多くの顧客にアプローチし、質の高いマッチングを提供し、スムーズに交渉や手続きを進めることができれば、それだけ廃業する企業を減らすことができます。業務効率を上げることが、事業承継問題を解決するために不可欠なのです。

M&A仲介の問題❸ 担当者によってサービスの品質が異なる

最後に、M&A仲介における重要な問題となっているのが、M&Aコンサルタントの「サービス品質」が一定ではないということです。

プロフェッショナルが一気通貫して顧客に関わることができる点で、M&Aコンサルタントによるサービスは魅力的です。**しかし現時点では、担当するコンサルタントによってサービス品質にばらつきがあり、玉石混淆になってしまっています。**これについては中小企業庁も問題視しています。

このような状況に陥っている背景には、事業承継問題によってM&Aの市場ニーズが高まったことにより、仲介会社が乱立していることがあります。今後制度化される可能性もありますが、現時点では、Ｍ＆Ａ仲介を行うための資格や基準といったものも存在しないため、Ｍ＆Ａに関するノウハウや知識、経験を保有していない業者も少なくありません。

せっかくＭ＆Ａは事業承継問題のすぐれた解決方法だという認知が広まってきたのに、このように品質に問題があるＭ＆Ａ仲介会社が存在していることによって、Ｍ＆Ａ自体の社会的信用が脅かされています。

長い年月をかけて育てた事業の承継を行うＭ＆Ａ業界では、コミュニケーション力とＭ＆Ａのノウハウに長けたコンサルタントの存在が重要です。

しかしコンサルタントの品質を、コンサルタント個人の努力に期待していても、業界全体としての品質向上は望めません。**コンサルタントの品質を確保するための仕組みを構築することが重要なのです。**

M＆A仲介の問題を解決することで目指している世界

「そもそもM＆Aが有効かどうかわからない」「どこに相談していいかわからない」「検討もしていない」という経営者は多数存在しています。

私たちは、これまでM＆Aに関心のなかった人たちでも「fundbookという企業が業界を変えようとしている」と知っていただくことで、一社でも多くM＆Aを気軽に、そして安心して検討できる世界にしていきたい。そう考えています。

そのような世界になれば、後継者不在問題を抱える企業が存続し、相当数のGDPが失われることも防ぐことができます。ひとつの企業にはさまざまなノウハウや技術があり、また組織文化や人的ネットワークがあります。**M＆Aによって、これまで築き上げられてきた価値のある資産を守ることが、日本社会の衰退を防ぎ、豊かな世の中をつくっていく**

ことにつながるのです。

さらに「日本の社会や経済に大きな貢献をしていきたい」という志を持った企業に対して、迅速かつ最適なＭ＆Ａを実施できるシステムを提供し、成長を支援することが、日本社会にとって鍵となると考えています。

私たちがＭ＆Ａ業界の課題を解決することによって実現しようとしているのは、「気軽にＭ＆Ａの相談ができること」と「安心してＭ＆Ａが選択できること」です。

Ｍ＆Ａは企業を売買する行為です。

たとえば譲渡企業となる中堅・中小企業のオーナーにとっては、「取引先に漏れたら取引停止させられるかもしれない」「仕入れ先から現金回収されるかもしれない」「銀行から借入をいきなり引き上げられる可能性もある」といったネガティブなシナリオを考えてしまうこともあり、気軽に検討できない状態があります。

譲受企業となりうる企業にとっても、Ｍ＆Ａはそもそもどういう仕組みなのか、どんな手続きが必要なのかもわからないため、そもそも経営判断の選択肢に入らないことも少なくありません。また、買収後にうまく経営統合が進み、事業成長が進むかに関して不安が大きいため、腰が重くなってしまいがちです。

だからこそ、私たちは「気軽さ」と「安心」を実現できるかどうかにこだわり抜いているのです。

The

第2章

すべての課題を解決する The fundbook Model

fundbook
Model

The fundbook Modelが
M&A仲介の課題を解決する

前章では、日本社会の根深い問題である、中堅・中小企業における後継者不在問題に対する解決策としてM&Aが注目されていることを説明しました。

親族内承継や社内承継が選択肢にならない状況で、事業承継を実現し企業の成長を促進するM&Aのニーズが高まるなかで、さまざまな仲介会社が現れましたが、情報の非対称性、仲介業務の効率性、担当者の品質の点で課題を抱えています。

この章では、それらの課題を解決するために、私たちが構築した仕組みについて説明していきます。

前章でも軽く触れましたが、fundbookは次のようなパーパスを掲げています。

気軽にM&Aの相談ができて、安心してM&Aが選択できる新しい世界を創出する。

このような世界を実現するために私たちが構築した仕組みが「The fundbook Model」です。

先ほど、M&A業界の問題点として3つの点を指摘しました。

①情報の非対称性
②仲介業務の非効率性
③担当者の品質のばらつき

これらの課題はすべてThe fundbook Modelによって解決されています。それを可能にしたのが、次の5つの要素です。

- **「コンサルタント×プラットフォーム」のハイブリッド型マッチングモデルによるマッチングの質と量の担保**

・成約するまで費用が発生しない完全成功報酬制の料金体系
・フェーズごとの分業体制とＤＸがもたらす効率化と専門化
・Ｍ＆Ａコンサルタントの品質を確保する育成制度
・顧客の安心感とサービスの品質を高めるコンプライアンス体制

これらの仕組みが一体となることで「気軽にＭ＆Ａの相談ができて、安心してＭ＆Ａが選択できる新しい世界」、つまり、Ｍ＆Ａに誰も悩んだり不安を感じたりすることのない状態をつくることができます。

まず「気軽にＭ＆Ａの相談ができること」は、成約するまで費用が発生しない「完全成功報酬制の料金体系」によって可能にしています。

そのうえで「安心してＭ＆Ａが選択できること」を実現する必要があります。そのため、これを妨げているＭ＆Ａ仲介の３つの問題を解決するための仕組みを構築しています。

フェアな取引を妨げる「情報の非対称性」については、コンサルタントとプラットフォームを組み合わせたハイブリッド型マッチングモデルによって解決しています。

次に、仲介会社が支援できる企業の数を増やすことを妨げている「仲介業務の非効率性」という問題を解消するためには、フェーズごとに専門部署を設置する分業体制とＤＸによって効率化と専門化を行っています。

そして「コンサルタントの品質のばらつき」という問題に関しては、一気通貫して顧客のＭ＆Ａを支援するジェネラリストであるＭ＆Ａコンサルタントの品質を確保する育成制度と、顧客の声をコンサルタントにフィードバックすることで改善を行うコンプライアンス体制によって解決しています。

カスタマーサクセスとエンプロイーサクセスのスパイラルアップ

私たちのThe fundbook Modelには、顧客の課題を解決すると同時に、従業員の成長を支援することが、基本思想として含まれています。

前章で触れたように、パーパスが現在の形になったのは2023年1月で、それまでは「Success for all」をビジョンに掲げていました。これは、カスタマーサクセス（顧客の成功）とエンプロイーサクセス（従業員の成功）を同時に実現するということを意味しています。

顧客が気軽にM&Aを相談し、安心してM&Aを選択できることは、従業員の視点から見れば、多くの方に当社をお選びいただき、M&Aの成約を通じて多くの成功体験を積み重ねて実力を高められることだと言えます。

すべての関係者が成功するM&Aを実現するのがThe fundbook Modelなのです。

この章では、これから顧客にとって入口となる完全成功報酬制の料金体系について説明します。そのうえで、顧客をサポートするコンサルタントの品質を保証し、サービスを向上させるための仕組みである「育成制度」と「コンプライアンス体制」について解説します。

「情報の非対称性」を解決し、マッチングの質と量を高めるハイブリッド型マッチングモデルについては第3章、専門化と効率化を実現する分業体制とDXについては第4章で説明していきます。

完全成功報酬制の料金体系

着手金・中間金というハードル

これまではM&A仲介会社に相談をする際、着手金や中間金を支払うのが一般的でした。

着手金というのは、仲介会社にM&Aの相手探しや会社の評価算定などを依頼したタイミングで仲介会社に対して支払うものです。なお、100万~300万程度が着手金のボリュームゾーンです。

中間金はM&Aの相手先が決まり、ある程度の交渉が進んだタイミングで支払うものです。

およそ全体で支払う総額の10%程度ですが、気軽に払える額ではありません。譲渡企業にとっては、譲渡先の最有力候補となる企業が見えており、「いくらで譲渡します」と基本合意をしたものの、この時点では買収の対価を受け取っているわけではありません。その後で買収監査（デューディリジェンス）という調査があるのですが、もしかすると譲渡価額が下がってしまう可能性もありますし、当初の話と異なる条件で最終契約が提示されることもあり得ます。そのため、不安が残るなかでお金を払わなければなりません。

ただM&Aに興味があって、どういうお相手がいるのかを探したいという最初の段階で着手金を拠出すること、つまり、何も見えない状態でそれなりに大きい額のお金を払うというのはひとつのハードルになっていました。

さらに、M&A仲介会社のなかには、料金体系に関して説明が不十分なコンサルタントが存在していることも、業界の信頼性を下げることになってしまっています。

M&Aの実施を検討して仲介会社とアドバイザリー契約を締結する際には、仲介会社から「重要事項説明書」の説明を受けることになります。これは、手数料体系や提供される業務の内容など、M&Aを実施するうえで前提として説明しなければならないことを開示するものです。こうした説明の際に、着手金はどのタイミングで支払う必要があり、他にどういった工程でいくらの料金が発生するかといった説明をしなければならないはずが、説明が不十分なことがあるのです。

たとえば、最終的な売却額が2億円で、仲介会社への成功報酬は売却額の5%と説明されたとします。すると本来なら2億円の5%で1000万円が仲介会社への成功報酬になるはずですが、「最低報酬2000万円」という規定があることで、最終的に倍の2000万円を請求されたといった事例も存在しています。

着手金・中間金は必ずしも「悪」ではない

一方で、着手金や中間金があったほうがよいという考え方もあります。

M&A仲介会社にとって、着手金はM&Aをする意思が強い企業を呼び込む意味があります。着手金があると、「軽く相談するだけ」という顧客は依頼が難しくなります。譲渡企業がM&Aの仲介をM&A仲介会社に委託する「アドバイザリー契約」を結ぶ段階で着手金が発生するからです。

譲渡企業にとっては、着手金を支払わずに済むことに越したことはありません。しかし着手金があることは、譲渡企業も譲受企業も、双方の譲渡意思、譲受意思を確認する機能を果たします。着手金を支払う必要がなければ、M&Aに対する本気度がわかりにくくなることは事実でしょう。

つまり、着手金を払っていただくことによって「M&Aを本気で実施する」という土俵に乗っていることを互いに確認できるわけです。中間金にも同様の意味合いがあります。

そのため着手金や中間金をいただくシステムにすることで、確度の高い顧客を獲得し、成約率を上げている仲介会社も存在しています。

入口から出口まで一貫して「気軽さ」と「安心」を追求する報酬体系

しかし、fundbookは着手金や中間金を設定していません。これらがあると「気軽に」

M&Aを検討できる世界をつくることが難しくなるからです。だからあくまで私たちは、着手金や中間金を取らないのです。成約した時点で報酬をいただく完全成功報酬制であることで、「気軽に」M&Aを検討できる仕組みを構築しているのです。

私たちは「気軽さ」と「安心」を重視しています。

一方、着手金を設けている企業は、確実に成約できることを重視していると言えるでしょう。その場合、顧客が最適な承継の方法を選ぶことよりも、確実にM&Aを成約させることが優先されてしまう場合もあるかもしれません。

相談相手としてfundbookを選んでいただければ、M&Aに限らず最適な経営や事業の在り方を提案させていただきます。

親族内承継と第三者承継を比べたときに、顧客の経営者が「第三者承継のほうがよい」と思えば選んでいただく。ゼロベースで検討したうえで、第三者承継をやめて親族承継を選ばれるとしても、それでその企業が発展していくのであれば、その選択の後押しをさせていただきます。

私たちは公明正大なM&Aを当たり前にしたい。

だからこそ事業承継のあらゆる手段をゼロベースで検討していただくための基本姿勢として、成約するまで費用が発生しない完全成功報酬制の料金体系を取っているのです。

ただお客さまの「選択肢のひとつ」でありたい

私たちは、ご相談いただいた企業に唯一の選択肢としてM&Aをご提案しているのではなく、事業承継の手段のひとつとしてご提案しています。そして、fundbookをパートナーとして選んでいただいた顧客が、満足のいくプロセスで条件に合う企業と成約できた場合にのみ、成功報酬をいただいています。

報酬体系の違いは、あくまで価値観の違いです。

他の仲介会社のスタイルを否定する気も、その必要もありません。お客さまの価値観や状況に合わせて選択していただきたいと思っています。

大前提として、M&Aは事業承継のための一手段でしかありません。

だから本来であれば、親族内承継、社内承継、M&A、まずはすべてをテーブルに並べて、どれが最適か考えるという選び方をするのが悔いのない意思決定にとって重要でしょう。まずは俯瞰して、すべての選択肢を把握したほうがいい。そのなかで最適な承継方法を選べばいいのです。

親族内承継なら家族会議を開けばいいでしょう。社内承継なら従業員を呼び、「この会社を継ぐ気はありませんか」という話をすればいいでしょう。しかし、第三者承継になるとなぜ着手金が発生するのかが、私たちには不思議に思えます。

fundbookの場合、事業承継の選択肢のひとつである第三者承継という手法で、候補企業の数や、価額のご相談をいただけるのはもちろん、親族内承継や社内承継に必要な要素について無料でご相談いただくこともできます。

つまり、M&Aに限らず、事業承継を進めるうえでの情報を、専門家集団の知見からまとめて仕入れることができる。そうした気軽な検討をしていただきたいという意味で、完全成功報酬制を採用しています。

私たちは、完全成功報酬制にすることで、「気軽」に「安心」してM&Aを選択できる

世界の「入口」をつくっているのです。

このように顧客の立場に立てば、完全成功報酬制のほうがよいと考えています。一方、私たち仲介会社にとっては、売上で考えれば１００か０かになってしまうというリスクがあります。

最後の最後までお金をいただくことができないので、最後の最後で「やめる」と言われれば、それまで費やしてきた労力はゼロになってしまいます。途中で一定額の報酬をいただけるほうが、リスクは少ないでしょう。

しかし、当社のリスクヘッジよりも顧客の想いを優先したいという想いから、fundbook は完全成功報酬制を採用しています。

そのうえで私たちは The fundbook Model を構築することで、顧客にできるだけ多くのマッチングの可能性をご提案し、安心してＭ＆Ａを進めていただける体制を整えています。だからこそ自信を持って完全成功報酬制の料金体系を取ることができているのです。

M&Aコンサルタントの質を確実に高める育成制度

ここからはThe fundbook Modelの重要な要素である「育成制度」について説明してきます。これは、M&Aコンサルタントの品質を確保するために不可欠な役割を果たしています。

fundbookでは、基礎知識・マインド・実践をそれぞれ学べる育成制度を整えています。これらを通して、まずはコンサルタントとしての素地をつけていくことができます。

入社すると、2カ月間のトレーニングキャンプがあります。

そこで決められたKPIの消化と各研修項目のクリアを義務付けています。それを2カ月間やり切ることで、ひとりでも十分に顧客対応ができる状態になります。必要な意識も身に付くので、現場で問題なく活躍できるようになるのです。

座学の研修では、学習教材と、成功事例にまつわる発表会などを通して高速で学べる仕組みをつくっています。

学校ならば、1年生、3年生と、学年ではっきりと分けることができます。しかし、企業は新卒や中途もあれば、それぞれさまざまな経歴を持っているため、一概にどの程度のスキルを有しているか把握するのは困難です。そうした人々に同じカリキュラムや授業を受けていただいたところで、理解する人としない人のバラつきが出ます。

そこでfundbookでは、オリジナルの問題集を開発しています。

現場で使える知識を得られるケーススタディを中心とした問題集を作成し、初級・中級・上級とレベル別に分けています。このようにすることで、一人ひとりの経験によって学習速度に差はありますが、一定期間内に全員がその知識を習得しているという状況をつくることができます。

さらにその定着度を確認するため、「公文式《くもんしき》」のM&A版のようなテストを開発し、一定期間内に合格することを全コンサルタントに義務付けています。このように高速で知識を身に付け、それが身に付いているかどうかを可視化するシステムによって、コンサルタントの品質を確保することができるのです。

トレーニングキャンプだけではなく、ＯＪＴ（On-the-Job Training）も行っています。アポイントから商談の資料準備、資料の壁打ち、ロールプレイなどの基礎的な教育、メンターとの案件対応など、各現場で教育を実施することにより、単なる机上の知識ではなく、実際に使える実践知として身に付くようにしています。

さらにfundbookでは、第４章で解説する分業制とＤＸの推進により、コンサルタントが顧客と接する時間を確保しやすいため、ひとりですべてのプロセスを対応する会社よりも圧倒的に多くの案件を担当できます。量をこなすことが質の向上に転換されるため、高速で成長することができます。これらの仕組みと育成制度がシナジーを発揮する構造になっているのです。

このような構造により、コンサルタントの実力を短期間で高めることができるようになっています。

その結果、ほとんどすべてのコンサルタントが、入社後わずか半年以内に、譲渡企業のオーナーに信頼に足るコンサルタントとしてアドバイザリー契約を結んでいただけるレベルに成長しています。

いくら採用を進めても、新人を育成できなければ、企業は成長しません。

学習教材の開発からプログラムの運用まで、代表を含めた幹部で全力を挙げて取り組んでいく。これはfundbookとして大切にしている姿勢です。

人事に任せるのではなく、「教育は経営の仕事」と捉え、各専門チームとも連携し、私たち代表と役員で協力して進めています。

顧客の安心感とM&Aコンサルタントの質を高める、独自のコンプライアンス体制

品質とは「お客さまの声」である

「育成制度」とシナジーを発揮しながら、The fundbook Modelのなかで重要な役割を果たしているのが、顧客の安心感を高め、コンサルタントの品質を高める「コンプライアンス体制」です。

M&A業界の信頼性とサービス品質の向上を図り、中小企業庁は「中小M&Aガイドライン」を策定しています。私たちはこのガイドラインを遵守するのはもちろん、独自の取

り組みを行っています。

その代表的なものが、コンプライアンス部の存在です。

この部署の役割は、「顧客の声を聞くこと」です。お客さまの声を聞き、営業活動の改善につなげ、コンサルタントのサービス品質を高めようとしています。

具体的には、当社に仲介をお任せいただいたお客さま1社1社にフォローコールを行い、お客さまの声を集めています。

お客さまが契約書を正しく理解しているか、適切な内容説明がなされたか、担当コンサルタントの対応に不満はないかなどの事実確認に加え、当社を選定していただいた理由や総合的な満足度もヒアリングしています。

私たちは「お客さまの声＝fundbookのサービス品質」と捉えています。

営業活動をするなかでさまざまなご意見をいただくこともありますが、そのときにはご意見を真摯に受け止め、集積し分析しています。

能動的にお客さまの声を集め、データ分析をし、コンサルタントに示してフィードバックをしながら、会社全体のサービス品質の底上げを図っているのです。

お客さま目線で営業活動をチェックする

コンプライアンスを考えるときによく問題になるのが「迷惑営業」です。この行為がM&A仲介会社の評判を落としています。

「迷惑営業」というのは具体的にはどのようなものでしょうか。

不快に思う方が出ることを避けるために、どのような営業行為を「迷惑営業」であるとするか、定義付けが重要です。そこでfundbookでは、たとえば「同じ企業に1日4回以上の電話をかけること」を迷惑営業として扱い、リアルタイムでモニタリングしています。

私たちは、お客さまが求めているものは何か、不快に感じるものは何かを明確にし、それをコンサルタントの行動改善の指標としています。またそのような見地からコンサルタントの行動をデータにもとづいて分析し、フィードバックを行っています。

自分の営業スタイルが顧客からどう見られているか、データにもとづいて指摘を受けることができる状況は、コンサルタントの成長を加速させます。

コンサルタントは、アドバイザリー契約を取り交わす際に「重要事項説明」を行う必要がありますが、この場面でもコンプライアンスを徹底しています。

この説明は中小企業庁のガイドラインで定められており、必ず遵守しなければいけません。このとき、お客さまには確認のサインをいただいていますが、実際にコンサルタントから重要事項の説明がきちんとなされたかどうかを、コンプライアンス部から電話をして直接顧客に確認を取っています。

そこでお客さまから、万が一「手数料のことは聞いていない」といった声があれば、あらためて説明するように担当者に連絡し、お客さまの誤解がないよう進行できる状態をつくります。

料金体系やプロセスに関するトラブルと不安が起きない仕組みを構築しているのです。

「プラス」の循環を生むコンプライアンス

コンプライアンス部の役割とは、つまるところ「お客さまの声を真摯に聞き、サービス改善に活かす」というものです。

私たちは、問題ないサービス提供がなされているかどうかを、契約を結んでいただいたお客さまに必ず電話して確認しています。コンサルタントが丁寧にわかりやすく説明していたかどうか、何かご不満はないかどうかなど、一つひとつ確認していきます。

すると、お客さまから「実はこういうところは不満なんだよね」「ちゃんとやってくれているよ」といったフィードバックをいただくことができます。

そうした直接的な声をコンサルタントに伝えたり、お客さまが「なぜ fundbook に任せてくださったか」を分析して全社会議で共有したりしています。

このようにお客さまの声を分析することで、私たちがやるべきことが見えてくるので、経営にも人材育成にも反映できます。こうした取り組みの積み重ねが社内の倫理観やカルチャー醸成に大きく影響するため、研修やテストなどコンプライアンスに関わる取り組みを特に重要視しています。

「コンプライアンス」と言うと、一般的には、マイナス要素を出さないようにするものというイメージがあるかもしれません。

しかし、こうしてデータ分析にもとづいた行動改善を図っていくと、それがマーケティングや人材育成の重要なファクターにもなります。**コンプライアンスは、企業の成長に不可欠なポジティブな要素として機能しているのです。**

こうしたチェック体制のなかで働いているからといって、コンサルタントたちが戦々恐々で仕事をしているわけではありません。むしろ、より安心して業務に取り組むことができています。ご紹介した通り、当社では顧客の声をコンプライアンス部が集めているため、コンサルタントは自分が気づかないうちに悪意なくミスをしていたとしても、情報をキャッチして軌道修正することができるためです。

このようなチェック体制の構築は、フリーランスのＭ＆Ａコンサルタントには難しいでしょう。自分の問題点を顧客に確認することはなかなかできません。組織に属しているＭ＆Ａコンサルタントの最大のメリットです。

こうした体制を構築することにより、顧客の安心感が高まり、業界も健全化されていきます。私たちとしても、従業員は安心して働くことができ、企業としてはリスクを察知することができ、人材育成に活かすこともできます。

コンプライアンス対策は、私たちにとって、何重にもプラスの価値を生むものなのです。

こうした徹底を尽くしても、お客さまの不満を完全にゼロにすることはできません。しかし、ゼロに限りなく近づくよう、仕組みとコンプライアンスの改善を常に図っています。

どこまでも顧客の声を聞き、品質に反映させる。私たちは、このシンプルな営みをさまざまな仕組みを構築しながら徹底的に続けていきます。

The

第 3 章

マッチングの質と量を担保するハイブリッド型モデル

The fundbook Model

M&Aのプロセスにおけるマッチングの位置付け

ここまでは fundbook のM&A仲介における、入口と出口に関わる完全成功報酬制の報酬体系について、そして、コンサルタントの品質を確保するために重要な役割を果たす育成制度とコンプライアンス体制について説明してきました。

ここからは、M&A仲介の要となるソリューションである「マッチング」について詳しくお話ししていきます。

まず、M&A仲介が一般的にどのような流れで進められていくのかを見ていきましょう。M&A仲介は、平均的に6カ月から1年というスパンで全体の工程が進んでいきます。一つひとつの工程に関して大まかに説明していきます。

図５●M&A仲介のプロセス

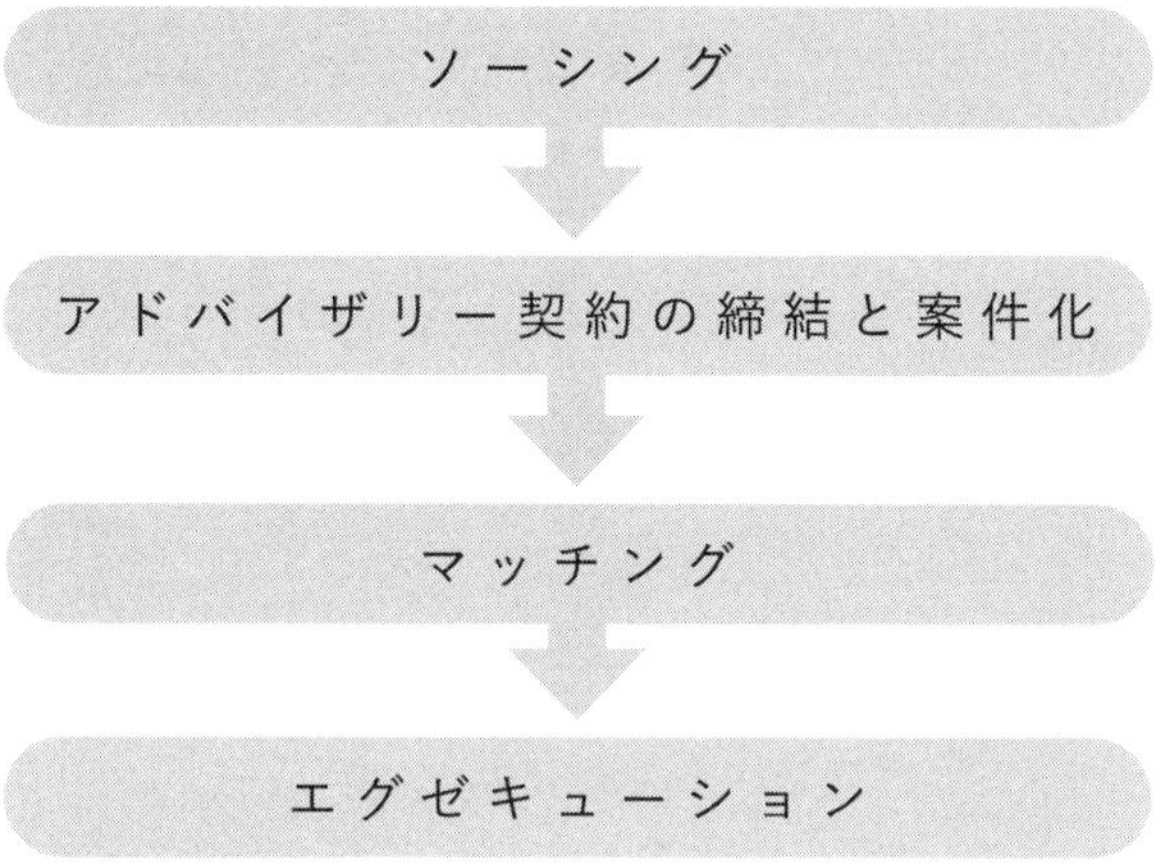

①ソーシング

最初に譲渡企業にコンタクトを取っていきます。

その手段としては、ダイレクトメールや電話を活用することが一般的です。その他にも広告やイベントなどのチャネルも活用しています。

この段階では、まずＭ＆Ａについて知っていただく、Ｍ＆Ａによってどんな課題が解決できるかを知っていただくことを目指しています。また、当社とアライアンス関係にある会計事務所からのご紹介でご相談いただくこともあります。

このように譲渡企業にアプローチしていくフェーズを「ソーシング」と呼びます。

②アドバイザリー契約の締結と案件化

初回の面談を行い、私たちをパートナーとしてお選びいただける場合には、譲渡企業のM&Aを支援する「アドバイザリー契約」を締結します。

そして、譲渡企業からご提出いただいた資料をもとに、企業の状況を調査し、企業価値評価を行い、それと並行して譲渡企業の詳細情報をまとめた「企業概要書」を作成します。

これを「案件化」と呼びます。

③マッチング

案件化の後には、M&Aにとって最も重要な業務である「マッチング」が始まります。

マッチングとは、**簡単に言えば「M&Aのお相手を探す」ということです。**

お相手とは、譲渡企業にとってはできるだけ要望に近い条件で自社を譲り受けてくれる企業。譲受企業にとっては自社の成長戦略にとって魅力的な企業を指します。

私たちは、M&Aのプロセスのなかで最も重要な要素が「マッチング」だと考えています。

ソーシングは、譲渡企業と譲受企業をつなげていくための準備段階であり、マッチングの後に来るエグゼキューションも、そのマッチングを確定させていくための業務だからです。中心にあるのは常にマッチングです。

そもそもM&Aの目的は、譲渡企業と譲受企業の双方の要望にもとづいて最適な組み合わせを実現することです。**その意味では、M&A仲介の業務全体がマッチングだとも言えます。**

マッチングの具体的な流れを説明しましょう。

まず、譲渡企業の条件に合う譲受企業のリストを作成し、最適なマッチングを探っていきます。

ここでは「ロングリスト」と「ショートリスト」という2つのリストを作成します。ロングリストはM&Aの相手となりうる候補を網羅的にピックアップしたもので、ショートリストはロンググリストから特に有力な候補企業を絞り込んだものです。多くの場合、最初にロンググリストを作成し、そこからショートリストを作成する流れになります。

ロンググリストはショートリストに入れる企業の候補をできるだけ多く拾い上げるので、数十社から多い場合は数百社以上のリストになることがあります。ショートリストではロンググリストで選んだ企業からさらに条件を絞り込み、実際にトップ面談を打診する5社から10社くらいを選び出します。

トップ面談とは、コンサルタントの立ち会いのもと、譲渡企業と譲受企業のオーナー、ないし経営者が面会し、互いの会社や人となりについて理解を深め合う場のことです。

譲受候補企業へのアプローチでは、M&Aコンサルタントが譲渡企業を特定されない粒度で事業内容や譲渡理由などを記載した「ノンネームシート」による打診を行います。情報を受けて「具体的な検討を行いたい」という企業に対しては、ノンネームシートよりも詳細な内容を記した「企業概要書」を開示して、M&Aを進めていきます。

M&Aは、「この商品は1つ1000円です」といった単純な価格設定がされているものではなく、企業ごとにその価値は千差万別です。評価額は一律に決まっているものではなく、譲渡企業と譲受企業の双方の条件をすり合わせていくものです。双方の条件とは、たとえば株価やM&Aの手法、引き継ぎ方、相手企業に求める要素などのことです。

マッチングを行うときに双方の条件が合うこと以上に重要なことは、そのマッチングによってどれほどのシナジーが生まれるかということです。

ここで言うシナジーとは、事業内容や業界に関する視点だけで見るものではありません。企業相互の経営戦略やカルチャー、財務状況、技術力、マーケットポジションなど、さまざまな要素があります。

たとえば、高単価で富裕層をターゲットにしている企業と、低単価で広い層に向けたサービスを提供している企業、それぞれがどのようにフィットするのか。多角的な視点が必要です。このようなシナジーを見越して、マッチングを行う必要があるのです。

できる限り大きなシナジーを発揮できるマッチングを提案するためには、コンサルタントはできる限り多くのマッチング候補をリストアップする必要があります。

④エグゼキューション

マッチング以降のプロセスを「エグゼキューション」と呼びます。

トップ面談を経て、譲渡企業と譲受企業との間で「基本合意契約」を締結します。これは、想定される譲渡価額や条件等について、両者がM&Aの交渉段階において合意したことを示す契約です。その後、譲受企業が譲渡企業に対して税務や法務などのさまざまな角度から調査を行います。

これを「デューディリジェンス」と呼びます。

この調査は、譲受企業にとっては、譲渡企業の価値の適正さを確認したり、事前にリスクを把握したりするための重要な工程になります。また、譲渡企業にとっても、最終的な譲渡価額に影響する可能性があるため、細心の注意を払って臨む必要があります。

そして、デューディリジェンスを経て、双方の合意がなされれば、最終契約を締結します。これによってM&Aが成立します。

２つのマッチング手法

さて、このようにM&Aにとって重要な役割を持っているマッチングには、大きく分けて２つの方法があります。

１つはアドバイザリー仲介型マッチング。もう１つは、プラットフォーム型マッチングです。

fundbookは、この両方を掛け合わせた「ハイブリッド型マッチング」を提供しています。

これが私たちの「The fundbook Model」の中核をなす強みです。詳しく説明していきましょう。

アドバイザリー仲介型マッチングとは何か

まずアドバイザリー仲介型マッチングは、M&Aコンサルタント個人に依存したマッチング手法です。

コンサルタント自身が「同業種がよいか、異業種がよいか」「営業エリアに重なりがあるほうがよいか、まったく異なるほうがよいか」といった案を出し、企業の要望に適うマッチングを模索します。

潜在的なニーズをコンサルタントが見つけて、譲渡企業や譲受企業も想像していなかったようなシナジーの可能性を見つけられることもあります。

この方式は、担当コンサルタントの経験則やネットワークに左右される、極めて属人的なものです。質の高いマッチングができるコンサルタントもいれば、できないコンサルタントもいることになってしまいます。

また従来のアドバイザリー仲介型マッチングには、情報共有の点でも課題があります。支援プロセスで得た情報は個々人の脳内に蓄積されていきます。行動量にも記憶・記録できる量にも、ひとりの人間だけではやはり限界が出てきます。

そこで、多くの企業でＣＲＭ（顧客情報を管理するシステム）を活用しています。しかし単に情報を入力するだけでは、書いただけで終わりになってしまうことも少なくありません。そうすると、多忙なコンサルタントにとって入力業務は優先度が低く、十分な入力がされなくなることも少なくありません。

要するに、アドバイザリー仲介型は「人」によるマッチングであり、個人の知識、経験、能力に依存するものです。

そのため、サービスの品質保証が難しいという問題点があります。

プラットフォーム型マッチングとは何か

アドバイザリー仲介型マッチングに対して、新しい手法として現れてきたのがプラットフォーム型マッチングです。

プラットフォームとは、譲渡企業の情報が掲載されるWEBサービスのことであり、基本的に譲受企業がユーザー登録をして利用しています。

先に紹介したアドバイザリー仲介型とは、2つの大きな違いがあります。

まず大きな違いは、誰が誰にアプローチするかです。

アドバイザリー仲介型の場合、仲介会社が譲渡企業から相談を受け、要望をもとに譲受企業に対してアプローチするという形が一般的です。つまり、アプローチの矢印は、譲渡企業から譲受企業に向かっています。

それに対して、プラットフォーム型の場合、譲渡企業の情報が掲載されたプラットフォームで、譲受企業が自社に見合った企業を探すことができます。したがって、アプローチの矢印は譲受企業から譲渡企業に向かいます。

もう1つの重要な違いは、譲受候補企業の数です。アドバイザリー仲介型では、仲介会社が抱えている譲受候補企業は担当コンサルタントの保有するネットワークに依存するため、一般的に10社や20社程度しかありません。

一方、プラットフォーム型では、譲受を検討している数万社の企業がユーザー登録を行っています。そのため、譲渡企業にとっては、それだけたくさんの候補とのマッチングのチャンスを得ることができるのです。

逆に譲受を検討中の企業もコンサルタントからの提案を待つ必要がなく、自分でプラットフォーム上に掲載されている数多くの譲渡候補企業から選ぶことができるようになります。

このようにアドバイザリー仲介型とプラットフォーム型では機能が異なっているため、利用者も利用する目的も異なっています。

アドバイザリー仲介型は、基本的には譲渡企業が候補となる譲受企業を仲介会社に選定してもらい、具体的な相談をするためのものです。

一方、プラットフォーム型は、譲受企業が自社のニーズに合った譲渡企業があるかを多数の候補から能動的に探すためのものです。プラットフォームによっては、譲受企業と譲渡企業同士で進めるものもあります。交渉に関して仲介会社を挟む場合も、初めからコンサルタントが選んだ情報の範囲から選ぶのではなく、一覧化された数ある譲渡企業の情報から自分で選べるという点で大きく異なっています。

プラットフォーム型マッチングの2つの価値

最適なマッチングを提供するという観点から見ると、プラットフォーム型の持つ価値は大きく分けて2つあります。**網羅性と情報鮮度です。**

まず、網羅性という価値を提供できます。

プラットフォームでは、膨大な量の譲渡企業の情報が掲載されているため、マッチングの範囲を広げることができます。また、数多くの譲受企業がアクセスできることにより、譲渡価額の相場を知ることができます。もちろん希望条件や状況によって同じ業界でも最終的な価額に差は出ますが、おおよそどのくらいなら高いか安いかということが、プラットフォームを活用する譲受企業にとってわかりやすくなります。

そして、情報鮮度という価値もあります。これは、直近の成約事例を活かした価額の算出ができるということです。

たとえば1万件の成約事例を持つ仲介会社があったとします。1万件もあれば、コンサルタントは多くの候補企業を提示することができ、案件に応じた譲渡価額の相場感を弾き出すことも十分にできるように思われるかもしれません。

しかし、もしその1万件が30年という年月をかけて積み上げてきた1万件であればどうでしょうか。もしかすると提示されているのは20年前、30年前の情報かもしれません。家を買うときに、30年前の不動産の相場価格を示されても誰も納得しないでしょう。M&Aも同様で、相場価格は長期で見れば徐々に変化しているため、30年前の相場を出されても困ってしまいます。

プラットフォームには日々さまざまな案件が掲載されています。それらをチェックすることで、M&Aにおける業界のトレンドを把握することができます。

多くの候補から「選べる」状態をつくる

M&A仲介では、最終的にマッチングが成立するのは当然ながら1社です。譲渡企業と譲受企業の双方のトップが面談するフェーズにまで至った複数社の候補がいても、1社に絞っていきます。だからといって、最初から1社を選び抜こうとするのは危険です。

あなたが会社の譲渡を検討している経営者だとして、２つの候補先から選べるとしましょう。

ひとつはコンサルタントが懇意にしている譲受企業10社のうちの1社で、企業理念に強く共感してくれており、従業員を大切にしてくれる、ネームバリューのある企業です。

もうひとつは、プラットフォーム経由で問い合わせをしてくれた１００社のうちの１社で、価額面で条件がよく、成長性も期待でき、自社とよいシナジーが生み出せそうな会社です。

さて、どちらを選ぶでしょうか。

この問いに絶対の答えはありません。しかし、この2つから選べる、という状況にあることには極めて高い価値があるのではないでしょうか。複数の選択肢から選べる状況を持てるということが、最適な意思決定をするための条件だからです。

価額や事業シナジーの可能性など、複数の条件を満たした企業が見つかれば、たしかにそれだけでも悪くはないでしょう。ですが、十分にたくさんの候補から選び取ることができる状況なら、条件を満たした候補企業が２社、３社と見つかるかもしれません。それを可能にするのがハイブリッド型マッチングです。

アドバイザリー仲介型ではどうしても10社や20社と数が限られますが、プラットフォームなら何千、何万もの可能性のなかから検討することが可能です。

こうした価値提供が従来型のＭ＆Ａ仲介には足りていません。候補先が少なければ、安心して相手先を選ぶこともできません。

たとえ同じ条件で複数社の譲受企業が見つかったとしても、Ｍ＆Ａ実施後の展開は企業によってまったく違います。言ってしまえば、その選択肢は無限にあるわけです。その選択肢を、できる限り多く提供することが重要です。

逆に譲受企業にとってもコンサルタントから提案されるだけでなく、自らプラットフォーム上の案件を自由に閲覧できるようになります。この環境があることにより、買収の選択肢が広がるのです。

譲渡企業にとっても譲受企業にとっても選択肢が増えれば増えるほど、ビジネスの可能性が広がっていきます。

「ハイブリッド型マッチング」という最適解

ここまで説明してきたように、アドバイザリー仲介型は属人性が高いため、情報の非対称性があり、安心してM&Aを選択しにくい状況にありました。その問題点は、プラットフォームによる公明正大なマッチングによって解決することができます。

ですが、それと同時に、アドバイザリー仲介型にもメリットがあります。膨大な量を扱うことはできなくとも、一つひとつの案件に人間が丁寧に向き合うことができ、お客さまと深い信頼関係を築くことができるからです。

M&Aは非常に緊張感のある重要な決断の連続です。半年から数年にわたるそのプロセスに、ビジネス面でも感情面でもサポートを行うことができる点で、譲渡企業の経営者にとってコンサルタントの存在意義はたしかに大きいものがあります。また、譲受企業の経営者も、コンサルタントと丁寧なやり取りに価値を感じていただくことが多く、リピートしていただくなど継続的な関係が生まれることも少なくありません。このような情緒的なサポートは、プラットフォーム型では難しくなります。

このように人とプラットフォーム、それぞれにメリットとデメリットがあります。**だからこそfundbookは、その両方を掛け合わせた「ハイブリッド型マッチング」を展開しているのです。**

従来のアドバイザリー仲介型だけでは、コンサルタントの力量次第になるため、サービス品質にばらつきが出てしまい、譲渡企業が納得しないケースも多くあります。しかし、プラットフォームを活用すれば、量を担保できるため、サービス品質にばらつきが出にくくなります。

何より、属人的なアドバイザリー仲介型では、譲渡企業と譲受企業、双方の情報がコンサルタントのなかでブラックボックス化されてしまう傾向にあり、譲渡企業も譲受企業も、仲介会社からしか相手の情報が手に入らないという情報の非対称性がありました。

それに対して、ハイブリッド型マッチングでは、人とプラットフォームを掛け合わせることで、マッチングの可能性を最大化することができます。

図６●アドバイザリー仲介型マッチングとハイブリッド型マッチング

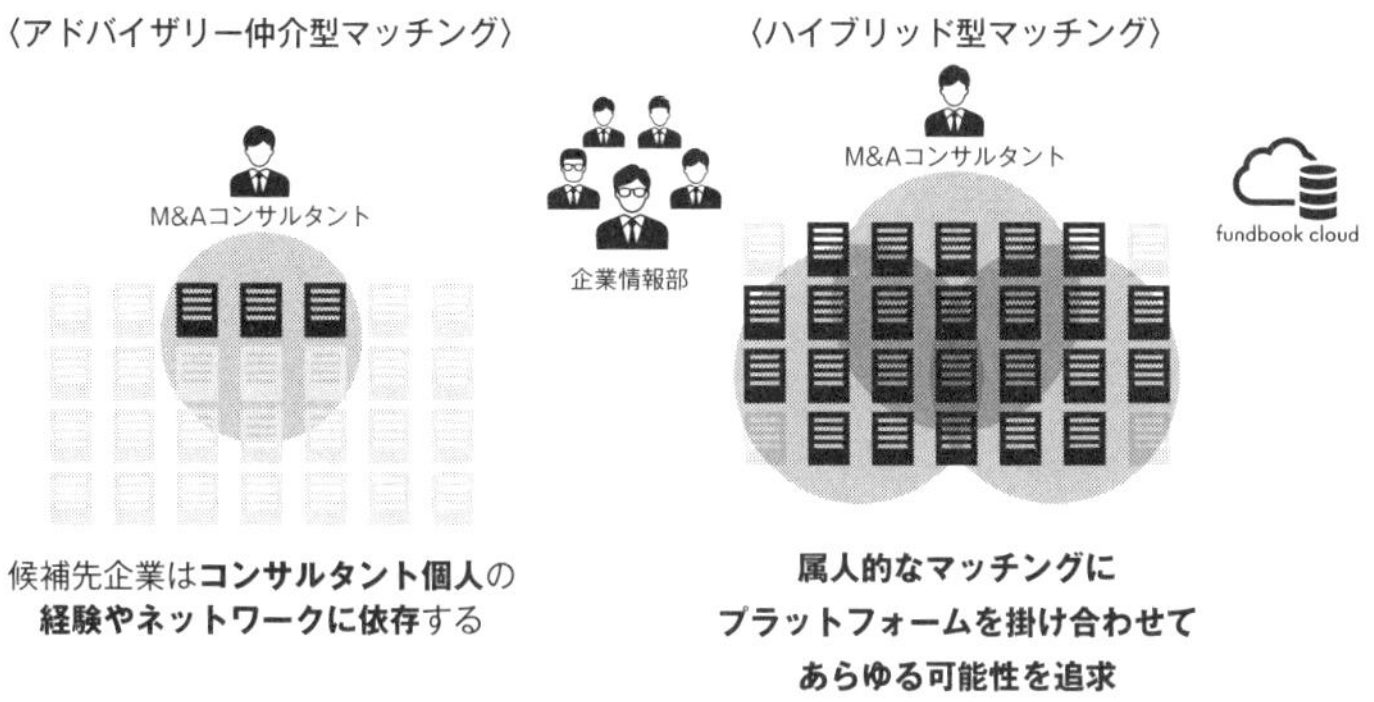

　私たちは、ハイブリッド型マッチングにおける「人」という要素をさらに高度なものにするために、「企業情報部」というマッチングのための専門部署を設置しています。

　これについては第４章の分業体制の箇所で詳しく説明しますが、一気通貫で顧客のM&Aを支援するコンサルタントという「ジェネラリスト」と、マッチングの「スペシャリスト」である企業情報部がタッグを組むことによって、マッチングの質と量が飛躍的に高まっています。

　このような仕組みによって「安心」してM&Aを選択していただける状態をできる限り実現しているのです。

fundbook cloudとは

M&A界の「SUUMO」

私たちが開発したマッチングプラットフォームが「fundbook cloud」です。

当社で受託した案件を数多く掲載しており、それらを多くの譲受企業が見に来られます。イメージとしては、M&A界の「SUUMO《スーモ》」です。

多くの方がご存じの通り、SUUMOでは不動産の賃借や購入を検討している人々がアプリやWEBサイトを訪れ、掲載されているさまざまな情報のなかから、自分に合った物件がないかを見ていきます。

それと同じように、fundbook cloudは、M&Aによる買収を検討している譲受企業が自社の要望に適した案件を探しに来る場所なのです。

図７ fundbook cloud の画面

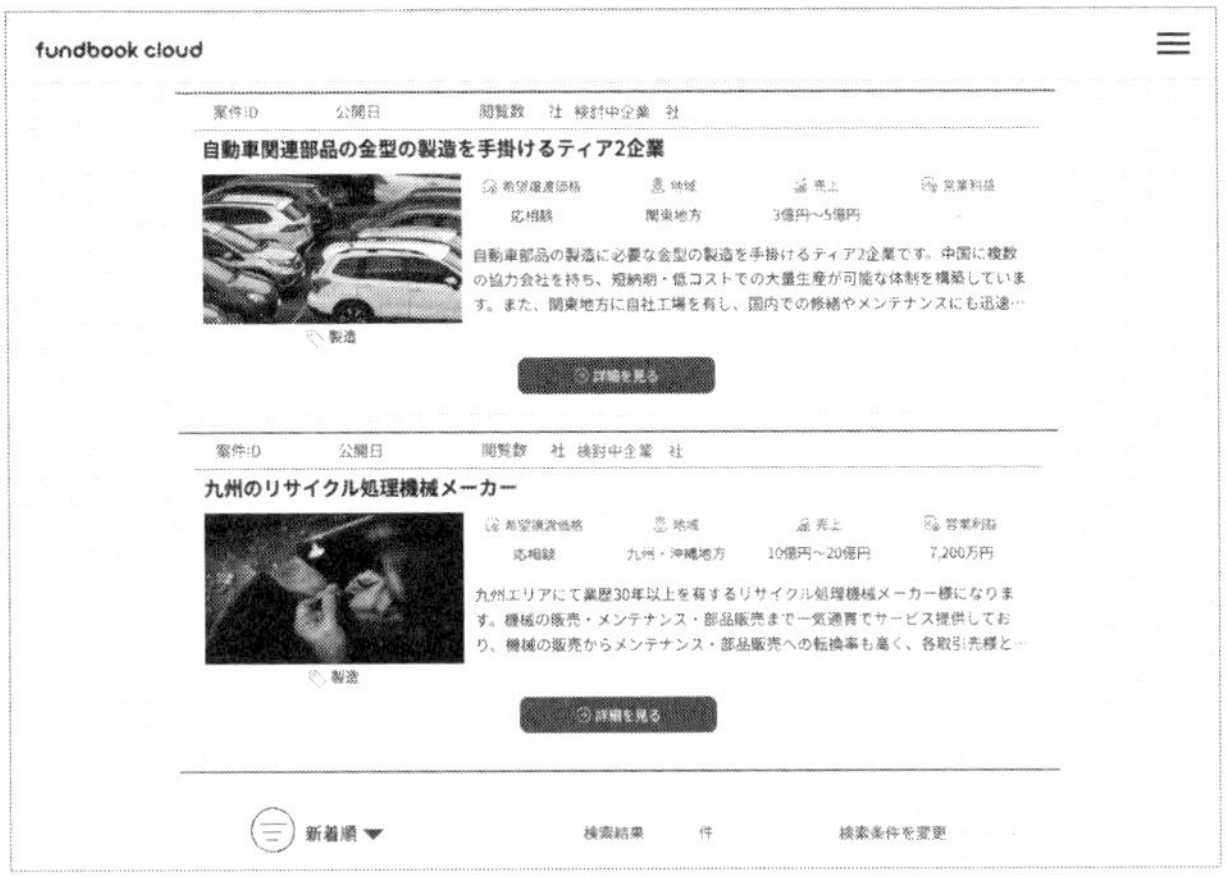

買収する会社を探す企業にとって、コンサルタントから提案される譲渡候補企業だけに絞る必要がないため、選択肢が広がります。

逆にコンサルタントの視点から見ると、プラットフォームを活用していただいたほうが圧倒的に多くの譲受企業の候補から問い合わせをいただくことができるため、より多くの顧客との接点が生まれます。

fundbook cloudでは、さまざまな譲渡企業の案件が掲載されており、「閲覧数　136社」「検討中企業　18社」といった形で、それぞれの案件に何社の企業が譲受に興味を持っているかが表示されます。

譲渡企業の立場では、相手がどれくらいいるのか、どれくらい見てくれているのかがわかります。

たとえば、A社の情報を２００社が見ており、そのうち50社が検討しており、20社が実際に企業概要書を請求し、10社が買収に名乗りを挙げたとします。fundbook cloudを通してこうした数字も含めた譲受企業の検討状況が可視化されるため、譲渡企業の立場では「自社はこう見られているのか」と、譲受企業からの見え方がわかってきます。

一方、B社は50社しか見られていないとしましょう。ところがA社と同じ業種で、売上規模もさほど変わらず、非常に似た要素を持った企業です。そうした状況でも、譲受企業の動向が数字で可視化されていると、「なぜこれほどの差がつくのか」という疑問に対し「もしかすると、A社の希望価額が理由かもしれない」などといった仮説を立てることができます。

従来のアドバイザリー仲介型でも、譲渡企業の価値に関してはコンサルタントが作成した資料で詳しく説明しています。しかし、他の譲受候補企業の反応や動向が網羅的にわからないため、本当にその評価が妥当なのかどうか、譲受企業は納得しにくい状況があります。

それに対して、プラットフォームなら客観的なデータにもとづいて、譲受企業は検討を進めることができ、納得しやすくなります。一方、譲渡企業もその反応にもとづいて、自社の市場評価を知り、条件設定や交渉を進めることができます。

fundbook cloudにおけるＡＩの役割

ここまでfundbook cloudの機能について説明してきました。それを実現するために重要な役割を果たしているのが、ＡＩです。

譲受企業がどのような案件を閲覧しているか、どのような条件で検索したか、どのような案件を探しているのかといったデータにもとづいて類似性のある案件をＡＩがレコメンドします。

またコンサルタントが譲受企業に対して提案した結果もデータベース上にログとして残るため、どのような譲受企業に、どのような譲渡企業が選ばれたか、または選ばれなかったかといったこともＡＩの学習データとして蓄積されていきます。集まったデータは、毎日ＡＩが取り込んで集計し、ＡＩの推論の精度を高めるために活用しています。

ＡＩがマッチングの量を増やし、質を高めることに貢献しているのです。

なおfundbook cloudでは、ＡＩによる分析に際し、プライバシー保護の観点から、限定的な情報を使用しています。情報セキュリティ対策も徹底しており、最新のセキュリティ技術を用いて、データの安全性を確保しています。

fundbook cloudの価値❶ マッチングの品質が担保される

従来のアドバイザリー仲介型マッチングでは、コンサルタント個人の能力に強く依存していました。

コンサルタントが優秀で経験も豊富であれば、さまざまな譲受企業の情報を収集し、わかりやすく丁寧に譲渡企業に説明できます。しかし、コンサルタントのレベルが低いと的確な情報の収集ができず、相手の納得を得られる説明ができません。本人も知識や経験が乏しいため、同僚や先輩から受けたアドバイスをそのまま顧客に伝えてしまうといったこともあり得る話です。

コンサルタント個人のスキルやコミュニケーション能力によって、同じ案件であっても、顧客である譲渡企業からの評価や受け止め方に違いが生じる可能性があります。提案内容は同じはずなのに、コンサルタントの質によって譲渡企業の判断を変えてしまう。さらに行動量や提案量についてもコンサルタントによってムラが生じます。

こうした属人的であるが故のコンサルタントの「品質」の問題も、fundbook cloud に情報が膨大に蓄積されていることで解消できます。

譲受候補企業の動きも把握可能なため、たとえば譲渡企業のA社には１００件、B社には10件の問い合わせがあったときに、「この差が生じている要因はここにあります」とアドバイスできます。そうなればネガティブな意味での属人的な要素は不要になります。

プラットフォームのみでは数字による動向はわかっても、その理由や今後の動き方まではわかりません。担当コンサルタントがそのような分析を提供できることは、ハイブリッド型ならではの強みです。

こうして「人」に、fundbook cloud という「プラットフォーム」が掛け合わさることで業界が標準化されてレベルが底上げされます。その結果、コンサルタントも活動しやすくなり、顧客も納得しながら相談ができるようになります。

fundbook cloudは、ビッグデータとAI、そしてコンサルタントが対面の商談から持ち帰ってきた定性的な情報も含めてすべてデータ化して学習・分析しています。それによってマッチングの品質を向上させることができているのです。

fundbook cloudの価値❷ 情報量の増加で相場がわかる

先にSUUMOと比較してfundbook cloudを紹介しました。先ほどは機能の面で似た存在として紹介しましたが、もう1つ、SUUMOと似ている点があります。

SUUMOは業界の在り方を変えた存在でした。fundbook cloudもそうした点でもSUUMOに似た役割を目指しているのです。

不動産業界でSUUMOが登場したとき、何が起こったかを振り返ってみましょう。それまで人々は不動産屋や町の壁に貼られた張り紙などを見て、物件情報を確認していました。つまり、物件は非常に限定的な場所でしか取り引きされていなかったのです。それがSUUMOの登場によって市場に情報がかなり出回るようになり、一般消費者の自宅、会社、移動中の手元でも見られるようになり、不動産の情報収集が一気に身近なものになりました。

多くの人々に情報が届くようになったことも、もちろん素晴らしいことですが、それ以上に重要な効果を生んだのは、人々のなかに「相場」の感覚を生んだことです。

SUUMOには、人々が「いくらで買いたいか」「いくらなら購入行動に移るか」といった「データ」が集まるようになったからです。

M&Aでも、これと同じ現象が起こり得ると思っています。

現在、国内で年間約４０００件のM&Aが実施されていますが、それを業界別に絞ると、それぞれ数十件か数百件になります。つまりM&Aを検討したときに過去の事例を調べようと思っても、特定の業界では年に数十件程度しか実施されていないわけですから、そのなかで自社の状況に似た事例を探そうとしてもほとんどない状況なのです。そのため、自社はどれくらいで売れそうなのか相場がわからないことが、ひとつの課題です。

この状況がfundbook cloudで変わるのです。**fundbook cloudのなかで取引される件数が増えてくることで「相場」感覚が見えてくるはずです。**

現在は企業ごとの業績や保有資産の状況などをベースに、さまざまな計算方式で譲渡企業の企業価値を算定し、譲受企業に「およそいくらになります」と示しています。しかし実際のところ複雑な計算式の説明をされるより、過去の取引事例や売買実績から最終的な企業評価額を計算するほうが、譲受企業は納得しやすいでしょう。

もちろん企業や業界の状況によって、同じ企業でも最終的な価額は異なってきます。それでも、「相場はいくらですか」と言われたときに、「過去にこのような取引事例がありますから、相場はこのくらいです」と答えられるくらい明瞭なほうがいい。そこで示せる事例が近い時期のものであればあるほど、その信頼性は増します。M&Aに対する社会的なイメージも親しみやすいものに変わるでしょう。

プラットフォームの活用が広がることで、そんな世界をつくることができるはずです。

fundbook cloud の価値③ 譲渡企業が自社の事業に専念できる

fundbook cloud の存在は、マッチング品質の向上以外にも譲渡企業にメリットをもたらします。それは「M&Aのプロセスを進行させながらも、自社の事業に専念できる」という点です。

M&Aの検討有無にかかわらず、経営者は日々事業運営の指揮を執り続けています。M&Aは重要な経営判断の連続であり、専門的な知識や経験が求められるため、M&A仲介会社はしっかりとサポートを行ってスムーズに進行する役割を担うわけですが、M&A業界に限らず、サポートを通じて「プロセスにおける顧客の負担を軽減する」ことは、仲介会社の大きな存在価値のひとつです。

しかしながら、これまで述べてきたように、従来の属人的な仲介モデルでは量と質が担保されたマッチングが実際に行われているかが不明瞭になりがちです。譲渡企業からすれば「より良い条件で大きなシナジーが見込める候補先は他にないのか？」という想いから、複数の仲介会社と非専任でアドバイザリー契約を締結し、情報提供窓口を増やす選択をするケースもあります。

窓口が増えれば、それだけ提供される候補先の情報も増える可能性が高まりますが、その分、仲介会社ごとにやりとりをすることになり、経営者の工数は増えます。重複する必要資料の提供や質問への回答などをせねばならず、非常に非効率的です。

M&Aのプロセスにおける経営者の工数増加は、自社の業務にあたる時間を奪ってしまうことにもつながります。中堅・中小企業の場合、経営者が担う業務の影響度は大きいものがあります。せっかくM&Aを検討していても、重要な業務に集中できず、企業価値向上や業績維持ができなければ取引にマイナスな影響が出てしまいかねません。

それに対して、ハイブリッド型モデルでは、マッチングにおける情報の網羅性が十分に担保され、あらゆる可能性を追求した候補先探しができるため、窓口をひとつに集約して効率的に進められます。

これにより、譲渡企業は本質的な自社の業務に専念しながら、最適な条件で取引を進めることができるのです。

fundbook cloud は進化し続ける

fundbook cloud は、さらなる発展のポテンシャルを持っています。現在、私たちは主に2つの目標を掲げて、開発を進めています。

①他社との連携による網羅性の向上

まず、すでに動き出しているのが、他社との連携による網羅性の向上です。

私たちが目指しているのは、単に fundbook 一社のためのプラットフォームにとどまらず、M&A市場全体を活性化する SUUMO のようなプラットフォームです。

そのため、他のM&A支援機関との連携を積極的に推進しています。

すでに複数の企業との連携が開始されています。将来的には、より多くの支援機関が fundbook cloud に参加することで、情報共有の促進や、より幅広い案件を網羅できるようにしていきます。

そうすることで潜在的な譲渡企業や譲受企業が気軽にfundbook cloudを訪れて相場を知ったり、あくまでひとつのアイデアとしてM&A戦略を考えたりできる世界が実現できるはずです。

②AIを活用した高度なレコメンド

また、私たちが目指しているのは、AIを活用し、自由記述で譲渡企業の案件を探すことができるシステムです。

多くのプラットフォームは、業種や事業内容など区切りやすいカテゴリで検索を行い、企業が表示されるようになっています。

しかし今後はAIによって、業種や事業だけでなく、「成長志向の強い企業」など相手企業に求めるイメージや「海外展開を目指しているので、その戦略とシナジー効果のある企業が望ましい」など自社の成長戦略を自由記述したもので検索ができるように開発を進めています。

これによって、「業種」「事業内容」「M&Aスキーム」といった項目検索では見つからないような、予想もしないマッチングの可能性を模索することができるようになります。

M&Aの条件やニーズだけで相手企業を探そうとなると、どのように調べればいいかわからず、人間の手では順番に詳細を見ていくしかなくなってしまうでしょう。その部分をＡＩがサポートすることで、抽象度が高く複雑な内容での検索ができるようになるのです。

全社一体の研究開発体制

私たちがfundbook cloudを高い精度で運用できている背景には組織構造があります。

fundbookではＡＩやデータ基盤などのテクノロジー開発を担うテック部門と、コンサルタントのマッチングを支援する企業情報部が同じフロアで仕事をしています。これによって、開発部隊と実行部隊が円滑に連携でき、フィードバックのサイクルを高速回転させることができます。

当社のテック部門は高度な開発力を持っていますが、完全にユーザーの側に立った開発を行うことは困難です。やはり実際に利用する譲受企業はもちろん、社内の各部門も含めた「ユーザー視点」を取り入れながら改善しなければなりません。テック部門とビジネス部門の距離が遠ければ、気軽なフィードバックもできず、テック部門はユーザーが何に使いづらさを感じているのか、不満を抱いているのか、わからないまま開発を進めることになります。そうすると事業全体の成長速度を落とすことにもなりかねません。

当社のテック部門は、The fundbook Model を構築する主軸とも言える部署です。指示されたものを開発するという受け身の姿勢ではなく、最適な設計を模索するという能動的な姿勢で動いています。

そのため、テック部門が移動して企業情報部の執務スペースに来てもらうこともあれば、他の部署のところに赴いて業務の様子を実際に見ながら連携を進めてもらうこともあります。**全社を回りながら必要に応じて流動的に可動な体制を取っていることで、システム改善を迅速に進めることができています。**

たとえば、マッチングを行うときのリサーチや思考のプロセスについては、最前線にいるコンサルタントやマッチングの専門部署である企業情報部にヒアリングしなければわからない領域です。そうした細かな情報共有を進めながら、お互いに異なる視点と感覚で「教え合う」環境をつくっているのです。

こうした綿密な連携によって、それぞれの担当者が感じている感覚が言語化され、システム設計のアイデアとなっていきます。さらに、実際に開発を進めた後は、関係部署に違和感があるかどうかをプロトタイプでチェックしてもらい、その使用体験を確認していきます。

テック部門とビジネス部門が離れている組織では、ビジネス部門がシステムの使い勝手についてクレームを言う状況に陥り、両者の関係が悪くなる事象が起きてしまいがちです。しかしfundbookでは、テックサイドも使い手目線を重視して開発を進めることを大前提としているため、お互いに配慮し合いながら同じ方向を向いて切磋琢磨し合えるカルチャーを醸成できています。

このように私たちは全社一体の研究開発体制という強みを活かし、アドバイザリー仲介型とプラットフォーム型の両方を組み合わせたハイブリッド型マッチングモデルによって、M&Aを検討する企業に提供できる価値を最大化し続けているのです。

譲受を検討する企業のセグメントに応じた fundbook cloud の役割

これまで fundbook cloud がどんな価値と機能を持っているのかを見てきました。ここからは fundbook cloud の利用者である、譲受を検討する企業のセグメントに応じて、それがどのような役割を果たしているかを見ていきます。

私たちが目指しているのは、今すでにM&Aをしたいと思っている方々だけでなく、より多くの方にM&Aという選択肢を知っていただき、必要に応じて利用できる世界を創っていくことです。そこで、それらの企業のセグメントを意識しつつ、それぞれの方に最適なアプローチの仕方を考えていくことが重要です。

私たちは、譲受を検討する企業を5つのセグメントに分けて捉えています。軸となるのは、M&Aの実績があるかどうかと、M&Aの顕在的なニーズがあるかということです。

図８●譲受を検討する企業のセグメント

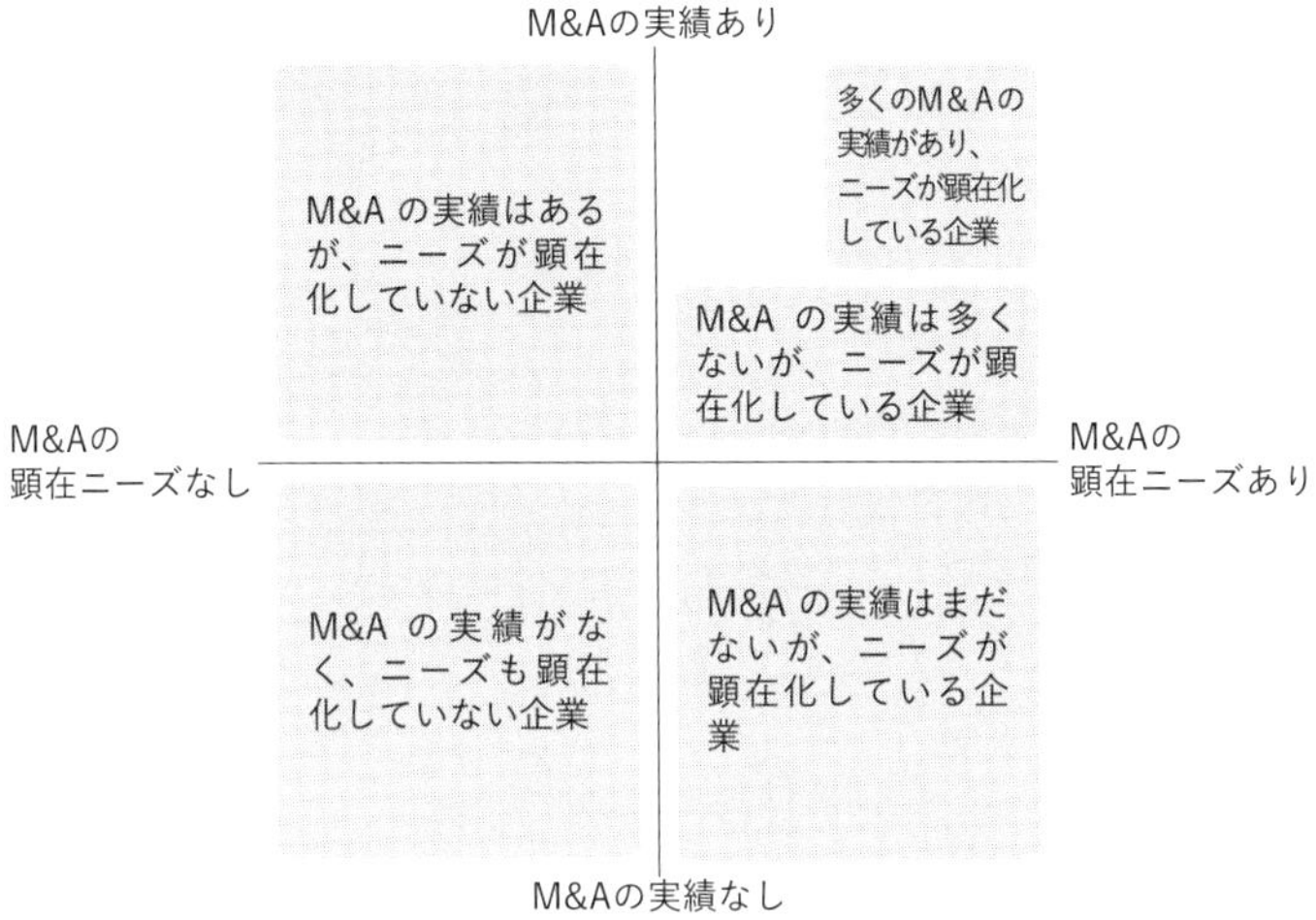

図８をご覧ください。M&Aを実行する件数が多い順に見ていきましょう。

・多くのM&Aの実績があり、ニーズが顕在化している企業

まず右上のセグメントには、多くのM&A実績があり、かつ、M&Aのニーズが顕在化しているという企業が入ります。資金力があり、連続したM&Aで成長を実現している事業会社やファンドです。

このセグメントの事業会社は、M&A仲介会社との関係が深く、自社の事業戦略に合った情報提供や提案を受けることが多いですが、さらにfundbook cloudも活用することで機会損失を最小限にしているケースも見られます。

一方、このセグメントのファンドは、業務として日々投資先を探しているため、fundbook cloud の利用率が高い傾向があります。M&Aコンサルタントがファンド向けに提案することもありますが、多数の案件を自由に閲覧することができ、比較検討できるfundbook cloud はファンドと相性がよいと言えます。これによって、コンサルタントが提案していなかった案件でのマッチングが成立する可能性が上がります。

・M&Aの実績は多くないが、ニーズが顕在化している企業

右上から2番目には、M&Aの実績は多くありませんが、M&Aのニーズを持っている企業が入ります。

譲受企業のニーズが非常に強い業界などでは、M&Aコンサルタントが提案する際、どうしても実績の多い企業からスタートする傾向があります。提案を待っているだけではアクセスできない案件があることは、このセグメントの企業にとって機会損失となります。このようなグループにとっては、提案の優先度や順番に関係なく自由に案件を閲覧し検討できる fundbook cloud の価値は非常に高いものになります。

譲渡企業の視点で考えてみても、実績が豊富でニーズが旺盛な企業だけでなく、さまざまな企業が候補に入ることが、よりよいマッチングを実現することにつながります。また、案件に興味を示す企業が複数出てきた場合、そのなかで入札が行われるため、競争環境が生まれ、譲渡企業にとって納得感のある適切な価額になりやすい状況になります。

・M&Aの実績はまだないが、ニーズが顕在化している企業

図の右下に位置する、M&Aの実績はないが、ニーズが顕在化しているというセグメントには、立ち上げたばかりのファンドや、成長戦略のために初めて買収を検討する事業会社が入ります。

M&A仲介会社とのネットワークがないため、情報収集のために自主的にfundbook cloudに登録する場合もあります。

M&Aが未経験の企業が新規参入するためのハードルを下げていくことも、M&Aをより普及させるうえで重要です。そのためにもfundbook cloudが必要なのです。

・M&Aの実績があるが、ニーズが顕在化していない企業

図の左上に位置する、M&Aの実績はあるが、ニーズが顕在化していないというセグメントには、直近買収をしており多忙な企業、資金不足の企業などが含まれます。

これらの企業の買収意欲は高くありませんが、タイミングによってはM&Aを検討することもあります。そのため、fundbook cloudに登録しているケースが見られます。

fundbook cloudは、喫緊のニーズがなくても、最新の案件にアクセスすることができ、M&Aを気軽に検討できる状態を実現しているのです。

・M&Aの実績がなく、ニーズも顕在化していない企業

図の左下に位置する、M&Aの実績がなく、ニーズが顕在化していない企業は、基本的にマッチングの候補として上がりにくい傾向があります。

ただし、新たな譲受企業の候補を増やすために、先ほど少し触れたマッチングの専門部署である企業情報部がご提案を行う場合もあります。そのとき「他にもどんな案件があるかを知りたい」という要望があった場合には、fundbook cloudをご案内しています。

fundbook cloudで実際に案件情報を見ることによって、自社の戦略に適したM&Aのアイデアが思い浮かぶこともあります。**fundbook cloudは、譲受に興味を持つ企業のすそ野を広げ、M&Aの検討機会を増やすことに貢献していると言えるのです**

The fundbook Model

第4章

専門化と効率化をもたらす分業体制とＤＸ

プラットフォームが進化しても「人」は不可欠

プラットフォームが徐々に増えてきたことで、M&Aを検討する企業のデータも市場に多く公開されるようになってきました。

一方で、コンサルタントによる従来型のマッチングが淘汰されればよいかと言えば、そうではありません。

先にも挙げてきたように、アドバイザリー仲介型にも、優れた点はあります。譲渡企業とも譲受企業とも深く人間関係を築くことができ、定性的な部分も見落とさずに取引に活かすことができます。逆に言えば、プラットフォームだけではこうした点が欠落してしまうのです。

多くの人にとって、M&Aは一生に一度するかしないかの一大イベントです。個人が家を買うのと同じように、企業にとってのM&Aは初めての場合も影響力の大きい意思決定をしなければなりません。

だからこそ、その道の専門家がいたほうが適切なM&Aを実現して企業の成長や適切な事業承継を叶えられる可能性が大きく上がるのです。

そもそもプラットフォームを通して譲渡企業が自社の情報を掲載する際には、コンサルタントが要件定義、資料作成、企業価値算定といった業務を行うケースがほとんどです。さらに、プラットフォームを通して譲受候補企業からの問い合わせがあった後も、その企業の情報収集、そして契約に向けた交渉、契約の手続きなど、難易度の高い業務が続きます。

たとえばノンネームシートや企業概要書をつくる、ということは、単に情報をまとめる作業ではありません。どのような譲受候補企業を想定して、どのような点を譲渡企業の強みとして強調するか。経営状況に何か問題点がある場合は、それを明らかにしながらもどんな魅力を伝えられるか。M&Aについてはもとより、さまざまな業界についても高度な知識と経験が必要とされます。

また、交渉の場面では、コンサルタントは双方と綿密なコミュニケーションを取り、それぞれの希望や条件が最大限に叶う形を探っていきます。そこでは、契約条件からM&Aが成立した後のシナジーを考える必要があります。

譲渡企業と譲受企業は、それぞれ利害関心が異なるため、交渉を慎重に進めていく必要があります。仲介会社が関与することで、双方のニーズを丁寧にすり合わせ、最適な条件を探り、最終的に双方にとってよりよい結果を生み出すことができます。コンサルタントはこのプロセスを円滑に進めるうえで重要な役割を果たしているのです

ですから、プラットフォームが存在しているとしても、コンサルタントの存在の重要性は変わりません。両者は相補的なのです。

専門化と効率化の重要性

このように私たちは「人」の要素を重視しています。

だからといって、単純に従来のアドバイザリー仲介型マッチングのように、コンサルタント個人の適性や努力に依存する属人的な運用を行っているわけではありません。第1章で扱ったコンサルタントによって品質のばらつきがあるという問題は、そのような運用に由来しているからです。

コンサルタントの能力に上限はありません。各人がそれぞれの専門性や特性を伸ばしていくという側面もあります。

一方、顧客に提供するサービスとして最低限保証しなければならないラインがあります。そして、私たちは組織として、そのラインをできるだけ上げていくことが重要です。そのために私たちは全体のレベルを底上げすることを目指し、仕組みを構築してきました。

私たちは全体のレベルの底上げを行うために、専門化と効率化を目指しています。**専門化とは、ソーシング、マッチング、エグゼキューションといったM&Aの各フェーズにおける業務に関して、仲介会社が専門的な知見を蓄積し、より高度なサービスを提供できるようにすることです。**

これとともに重要なのが効率化です。**効率化とは、M&Aコンサルタントの業務をできる限り高速かつミスのないものに変えることです。**

専門化と効率化を実現するために、私たちが構築した仕組みが「分業体制」と、DXによる「業務効率化システム」です。

M&Aコンサルタントを専門部署がサポートする分業体制

フェーズごとの分業体制

ひとりのM&Aコンサルタントが量をこなすにはどうしても限界があります。当社は、M&A仲介の品質とスピードを最大限に高めるために分業体制を取っています。

M&Aには、フェーズごとにさまざまな業務が発生します。そこで私たちは、その業務の一部をフェーズごとに任せられる専門部署をつくり、共業が可能な組織を構築しています。

これによって、フロントに立つコンサルタントは顧客のための時間を確保でき、より多くの企業にサービスを提供することができます。また、これから紹介する企業情報部、企

図9 ● フェーズごとの分業体制

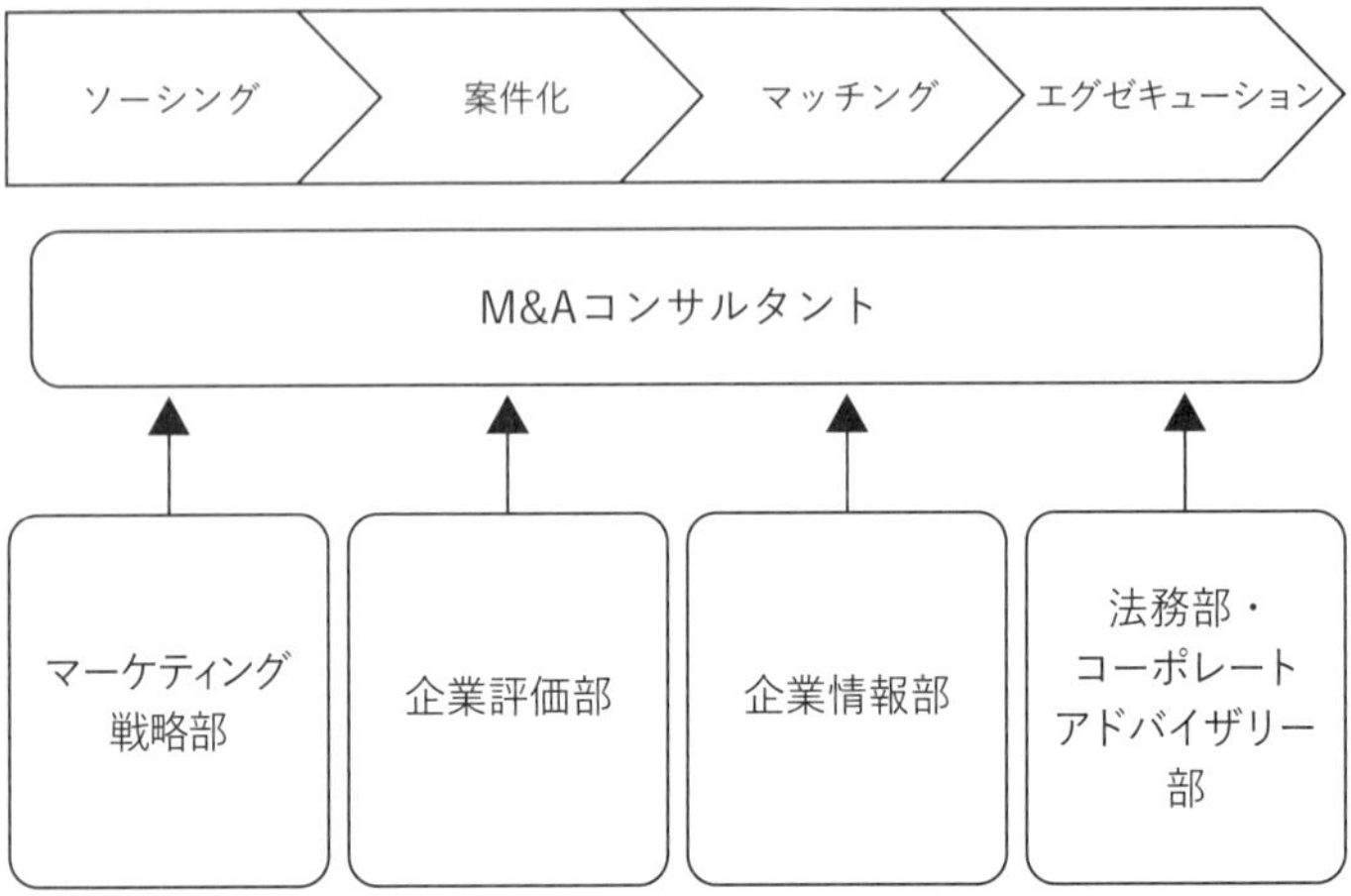

業評価部のような部署は、その業務に専念することで専門的知識を蓄積することができるようになります。

ここから具体的にM&Aのプロセスのなかで、どのような分業を行っているのか、見ていきましょう。

①マーケティング戦略部による「ソーシング」の支援

まず、譲渡企業へのアプローチを行う「ソーシング」の工程です。

この段階では「マーケティング戦略部」が重要な役割を果たします。

具体的には、創業以来実施しているさまざまな施策の効果・知見をデータベースに蓄積し、顧客獲得のための最適な手法でダイレクトマーケティングを実施しています。

また、広報活動を通して「Ｍ＆Ａなら fundbook」という顧客の第一想起を創造し、「気軽にＭ＆Ａの相談ができる先」として認知されることを目指しています。

ソーシング段階で行われている顧客に向けたＤＭ作成と送付作業も、もともとコンサルタントが手作業で行っていましたが、外部の業者を活用したオペレーションを組むことで社内の人間が対応する必要がなくなっています。

②企業評価部による「案件化」の支援

ソーシングの次に来る段階は「案件化」です。

これは譲受候補企業に対して、譲渡企業の情報をまとめ、その価値を伝える書類を作成する工程です。このフェーズでコンサルタントは「企業評価部」からのサポートを得られます。

具体的には、企業評価部がコンサルタントの「企業概要書」の作成をサポートします。

このフェーズでコンサルタントは、企業評価部に対し、譲渡企業の財務状況、どのような譲受企業を想定しているか、どのような論点があるかなどを説明したうえで「この点を踏まえて資料に落とし込んでほしい」と依頼します。すると、企業評価部は、その通りにハイクオリティな資料を作成します。

この作業は、譲渡企業の経営状況を示す資料を読み込みながら、譲受企業に魅力が伝わるようにまとめていくもので、分業をしても1カ月ほどかかります。この企業概要書次第で譲受企業がM&Aに進むかどうかが決まるため、きわめて重要な業務です。

この業務をコンサルタントと専門部署で協力して進めることができるのは、品質向上の点でも効率の点でも大きなメリットがあります。

③企業情報部による「マッチング」の支援

その次に来るのがM&Aの中心であるマッチングです。

この工程では、「企業情報部」が膨大なデータを用いて候補となり得る企業を洗い出します。企業情報部は、マッチングの専門部署です。彼らによって作成されるのが「ロングリスト」と呼ばれる譲渡候補企業のリストです。その数は1案件あたり1000件以上に及ぶこともあります。

コンサルタント自身もさまざまな仮説を立てながら候補企業を探しますが、マッチングの質と量を高めるためには、自身のアイデア以外に新たな角度からのアイデアも必要になります。そこで企業情報部にマッチングの候補探しを依頼します。

企業情報部は、データセットをもとに大量のアイデアを提供することができます。さらにアイデアを出すだけでなく、フロントのコンサルタントの代わりに、たくさんの譲受企業の候補に打診を行い、本格的な提案の手前まで進めてくれます。

第3章で説明したように、ハイブリッド型マッチングモデルは、「人」とプラットフォームを掛け合わせることでマッチングの質を高める仕組みです。

この「人」という要素にも、一気通貫して顧客に関わる「ジェネラリスト」であるコンサルタントと、マッチングについての専門知識と経験を蓄積する企業情報部という「スペシャリスト」の掛け算が入っています。

この仕組みによって安定して高精度のマッチングを行うことが可能になっているのです。

④法務部・コーポレートアドバイザリー部による「エグゼキューション」の支援

マッチングが完了し、M&Aの成約に向けて手続きを進めていくエグゼキューションの段階になると、財務、税務、法務の専門的知識にもとづく判断が必要になります。

そこで、社内に法務部とコーポレートアドバイザリー部をはじめ、それぞれの専門家が在籍し、常に支援が受けられる状態を実現しています。

M&Aのプロセスでは高度な専門性が広範囲で要求されるにもかかわらず、従来はコンサルタントがひとりですべて対応することが少なくありませんでした。そのため、エグゼキューションの段階になると、コンサルタントはひとつの案件に付きっ切りになり、多くの案件を担当することができませんでした。

しかし当社では、社内に各フェーズの専門部隊を擁しており、常時連携できるため、コンサルタントが数多くの顧客の対応ができるようになっています。このような分業体制は、できるかぎり多くの顧客に価値提供を行うことを実現するとともに、社員が安心して成果を出して成長できる環境をつくることにも貢献しています。

分業体制の設計思想

「分業」というと、お客さまの視点で考えると「担当コンサルタントがすべてを見てくれるわけではないのか」と思われるかもしれません。

しかし、私たちが構築しているのは単純にスピードを上げるための分業体制ではなく、譲渡企業や譲受企業の方の想いに向き合うための分業体制です。

シンプルな分業体制ならば、各フェーズの作業が分断されるため、そこに一貫性が失われてしまいます。Ｍ＆Ａはさまざまなステークホルダーが関わる経営判断であるため、顧客の「想い」や「感覚」に向き合いながら進める必要があります。そのために重要なのは、フロントに立つコンサルタントが顧客の想いを受け止め、一気通貫で案件のディレクションをスピーディに行うことです。

コンサルタントが譲渡企業・譲受企業の定性的な面も汲み取り、各専門部隊との連携にあたって、詳細な定性情報まで含めて共有しています。

私たちは流れ作業のように、単純に業務を分けているわけではありません。**矛盾するようですが、コンサルタントが一気通貫で対応するために分業体制を構築しているのです。**

また、分業体制を取ることで、通常ならコンサルタントが1名で3社しか扱えなかったところを10社扱える状況を実現できています。これによってコンサルタントが経験を積むペースが上がり、成長速度が格段に上がっています。

さらに、分業によって専門部署にナレッジが蓄積されていく点も重要です。

たとえば、過去に問い合わせのあった建設業界の企業から再び相談があった際に、通常なら同じコンサルタントでなければ過去の状況などはまったくわかりません。しかし、企業評価部には過去のコミュニケーション情報がすべて蓄積されていきます。それによって、異なる担当者でも「過去の担当者がこの点でつまずいていたようだ」と把握し、それを踏まえてコミュニケーションを取ることができます。

ナレッジが蓄積される部署があることで、新人のコンサルタントが入ったとしても、過去にしたミスを繰り返さない仕組みを構築することができています。

つまり、コンサルタント個人に蓄積される知識が社内全体で形式知として共有され、それが属人性を離れて全員がアクセスできる状態になっているのです。

シンプルな分業ではなく、コンサルタントがM&Aフローを一貫してディレクションするための分業体制だからこそ、こうした複合的な効果を生み出すことができています。

この体制によって、日々膨大なナレッジが蓄積され、それが育成制度やシステムを通して共有されることで、コンサルタントの品質が底上げされる仕組みができています。そのため、未経験メンバーでも早期にキャッチアップすることができるのです。

M&Aのプロセスを劇的に高速化するDX

DXの方針

専門化と効率化を実現するために重要な役割を果たしているもう1つの重要な要素が、DX（Digital Transformation）です。

DXは、単に紙の書類を電子ファイルに置き換えるといった、単なる「デジタル化」とは異なり、「どのような経営課題を解決するのかを考えながら、その解決のための手段としてテクノロジーを活用していくこと」です。

私たちはシステムが「量的な処理」を担当し、人は「質的な判断」を行うという「棲み分け」が重要だと考えています。**テクノロジーが情報の量と網羅性を担保し、人が提案の**

質に深みをもたらす。

この棲み分けが大きなシナジーを生むのです。

私たちは、顧客が気軽にM&Aを相談できて安心してM&Aを選択できる世界の実現を目指しています。そして、その実現のボトルネックとなっている仲介業務の非効率性を解消するために、私たちはテクノロジーを活用しています。

そのような道筋を進むなかで、テクノロジーの活用によって目指している方向が２つあります。１つ目は、コンサルタントが顧客へのアプローチをしやすくなること、２つ目は、企業情報部のマッチングの精度と速度を上げることです。

基幹システムの自社開発

もともとM&Aにまつわるデータ集計や分析といった作業は、人間が行っていたものです。そのため、初めから終わりまで一貫して同じコンサルタントが担当するのは非常に時間のかかるものでした。

そうした作業を効率化し、もっと簡単に完結できるものにしたい。そうした想いから、私たちは新たな基幹システムを自社開発し、２０２４年11月から運用を開始しました。

それまでは基幹システムとして SaaS をカスタマイズして使っていましたが、当社の事業が拡大するにつれて、その限界が見えてきました。

企業リストを作成する際の検索条件数に上限がある、データ作成のレスポンス時間が長いといった要因で、コンサルタントのソーシングの効率が低下していたのです。また、顧客との商談で得た情報をこまめに記録したくても、データ容量には限りがあり、容量の追加には多額のランニングコストが必要でした。

業務効率の面でもコストの面でも、基幹システムが事業成長の足枷になってしまっていたのです。

コンプライアンスの面でも、基幹システムの自社開発はメリットが大きいものでした。

M&A仲介会社は、中小企業庁が策定する「中小M&Aガイドライン」に従って適切に活動することが求められます。「知らないうちにガイドライン違反をしていた」といった属人的なミスは未然に防がなければなりません。企業としてこのような事態を起こさないためにも、機能に制限のある SaaS に頼るのではなく、自社開発のシステムを自由にカスタマイズし、コンサルタントの活動をガバナンスできる環境を構築する必要がありました。

新しい基幹システムはＣＲＭ・ＳＦＡ・ＭＡの３つの機能を備えたもので、Ｍ&Ａ仲介の業務に最適化されたものになっています。徹底的な現場目線で使いやすいユーザーインターフェース（ＵＩ）や機能を追求し、コンサルタントの負荷軽減に資するものを目指しました。

まず、ＣＲＭ（Customer Relationship Management）とは、日本語では「顧客関係管理」と訳され、顧客に関する情報を管理し、関係構築を行うための仕組みを表しています。

次に、ＳＦＡ（Sales Force Automation）とは「営業支援システム」と訳され、営業が商談を開始してから受注に至るまでの進捗状況を可視化し、その活動の管理を行う仕組みのことです。

さらに、ＭＡ（Marketing Automation）とは、マーケティング活動を自動化する仕組みのことです。

新システム導入による最大の効果は、業務効率の大幅な改善です。これから見ていくように、当社では10秒でも業務時間を短縮するための工夫を行っています。

さらにデータの一元管理が可能になった点も、新システムの大きな強みです。かつては、SaaS上のデータとfundbook cloudなどの他システム上のデータが別々に管理されていたのですが、新システムでは全データが一元管理されているため、お客さまの行動を時系列で追えるようになっています。

たとえば、お客さまが当社に問い合わせた内容や、fundbook cloud上での案件情報閲覧・お気に入り履歴といった各種アクションの統計データがリアルタイムでCRMに反映されます。「コーポレートサイトで、どのコラムを読んだか」などの情報も蓄積されるので、コンサルタントはデータを見ながらお客さまの潜在的な課題を想像し、有効なアプローチ方法を考えることができます。

お客さまの情報を社内で共有できるようになると、コンサルタントに対してサービス品質の向上に向けた具体的な指針を示すことが可能になります。コンサルタントのサービス品質の標準化を進めることで、新人コンサルタントも早期に活躍できるのです。

基幹システムによって
Ｍ＆Ａコンサルタントの業務はどう変わったか

さて、ここでは、新たな基幹システムによって、Ｍ＆Ａコンサルタントの業務がどう変わったのかを見ていきましょう。

以前のＣＲＭでは、ソーシングに使う情報を見るときも、基本情報だったりアプローチ情報だったりと項目が多すぎて、どこを見ればよいかわからない状態でした。コンサルタントにインタビューをすると、「このページのこっちを見たらあっちを見て、別のページに行って、また戻って」といった非効率的な動きをしていることがわかりました。これでは時間もかかりますし、ストレスも溜まっていきます。ヒューマンエラーが起こる可能性も上がってしまいます。

そこで、新たなシステムでは、ひとつの画面を見れば、必要な情報がまとまっているように設計しました。業種・株主・エリアなど、顧客の情報を一望できます。さらに同じ画面に「アクションログ」というカテゴリがあり、ＤＭや電話など顧客に行ったアプローチが時系列的に並びます。徹底的に使いやすさにこだわっており、たとえばCRMのページで顧客の電話番号をクリックすると、コンサルタントの社用スマートフォンに電話番号が転送されて電話がかけられる、といった機能があります。

電話番号を打って確認して、というのは注意力が求められますし、10秒ほどかかります。これを短縮できれば6件で1分、60件で10分です。間違い電話もなくなります。

しかも電話番号が転送された瞬間に、その企業の詳細画面に切り変わるので、その情報を見ながら顧客と会話することが可能です。できる限り多くの企業に質高くアプローチできるようになるわけです。電話番号が正しく打てるかどうかを気にしていたコンサルタントと、顧客情報を最終確認してイメージを高めながら電話をかけるコンサルタントでは、最初の声色からして違うはずです。

開発にあたっては、ただ任意のコンサルタントにインタビューをしているわけではありません。ソーシングで商談獲得率や受託率が高い人たちのランキングを見て、上位10人にヒアリングを行い「電話をするときに、どの項目を見ていますか」「どんな順番で見ていますか」といった行動パターンを把握しました。

成果を出している人たちの行動パターンに合わせた設計になっているので、他の人たち

もそのシステムを使っているだけで、一番成果の出るやり方で動けるようになるわけです。
こういう小さなところでも全体の質を上げることにこだわっています。

さらにソーシングの効率化のために、コンサルタントによる電話での顧客とのやり取りを文字起こしし、要約して議事録を取る機能も開発しました。これによって議事録作成時間を短縮できるだけでなく、ビックデータとして蓄積することもできます。このビックデータからニーズを吸い上げたり、成約率の高いトークのパターンを割り出したりできるわけです。

さらにその議事録をＡＩでスコアリングしてフィードバックをする機能もつけています。新人であっても、常に上司が隣で電話を聞いてフィードバックをすることは難しいですから、この部分にフィードバック機能を入れることで、精度の高いＯＪＴができないかと考えたわけです。

ソーシングが終わると、案件管理というページに移行します。ここには、その案件のこれまでのすべての流れや、他の従業員に対して共有したいことがまとめられています。これを見るだけで、どの部署の人も、誰がどんな顧客とどんな経緯で関わっており、いまどんなステータスにあるかをすぐに理解することができます。

先ほど分業体制を構築するにあたり、専門部隊と顧客の想いも含めて共有していると説明しました。もちろん口頭レベルでの共有も行っていますが、このようなシステムのレベルでも定性的な情報を高速かつ高解像度で共有できる仕組みがあるのです。

このように工程が進んでいくわけですが、その間の進捗管理もシステムが行う機能も盛り込んでいます。10月にクロージング（成約）の予定であれば、現時点でここまで進んでいないと遅れているから、顧客と調整してくださいといったことを伝える仕組みです。複数の案件の管理に追われることもなく、アクション漏れがないようにできるわけです。

基幹システム以外で業務改善の効果が大きいのは、契約書の作成システムです。

M＆Aの契約書は、本来は作成に時間がかかるものですが、いまや入社したばかりの新人コンサルタントでも、たった30分程度で作成できます。２０１０年頃は、どの資料も一から手打ちで、10時間ほどかけて作成していました。それが30分でできる。すでに相当な生産性向上になっています。私たちも実際にこれを体験して、「これまでは何だったのか！」と感激しました。

当社では、開発部署とコンサルタントが密接にコミュニケーションを取ることで、ユーザー視点での細かい改善を繰り返しています。

たとえば入力画面の幅を少し変えたり、面談の1時間前にこれから面談をする企業の情報が表示されるように初期設定をしたり、ソーシングをするときに電話帳に線を引いて消すようなイメージでリストの整理ができるようにするといったことです。

1秒1秒の積み重ねによって、大きな効率化をなしとげているのです。

これらはすべて、少しでも多くのお客さまにサービスを提供し、経営課題を解決していきたいという思想によるものです。

マッチングの精度と速度を上げる

コンサルタントの業務の効率化と並んで、私たちがＤＸを通して実現しようとしている、もう1つの方向が、主に企業情報部が担うマッチングの精度と速度を上げることです。

譲受企業にアプローチするためのリストを高速で出したり、マッチング候補を見つけやすくするようなシステムを構築することで、今まで人が頭をひねり、時間をかけて作成していた資料を素早く手軽に用意できるようにしています。

もちろん、このシステムは企業情報部だけでなくコンサルタントも活用することができるようにしています。

私たちは、主に企業情報部によるマッチングを改善するために「マッチングダッシュボード」というツールを開発しています。

これはマッチング候補企業を自動的にリストアップし、譲渡企業とのマッチング度合いを測ることができるツールです。譲渡企業と譲受企業の情報や条件を入力すると、その内容の類似性をもとにスコアを算出します。その結果を活用し、譲渡企業に提案するために候補となる譲受企業を幅広くリストアップしたロングリストを作成することができます。

これまでロングリストを50社つくるとなれば数時間はかかりました。しかし、それがDXによってワンクリックで作成され、精査を含めても15分程度でできるようになりました。

また、ＡＩが譲渡企業と譲受企業の間でのシナジーを弾き出してくれる機能もつくっています。たとえば同業で事業シナジーが生まれて売上が拡大する、あるいはまったく異なる業界でも、双方の条件がマッチしていることで多角展開の可能性があるといった予測結果が出ます。

シナジーだけでなく、同時にリスクも示されるため、コンサルタントは楽観的な話ばかりをするのではなく、ＡＩの弾き出した結果を参考に、シナジーとリスクの両面を伝え、そのうえでリスクに対してどのような対策を取るのかを提案することができます。

たしかにAIがなくてもこれができるコンサルタントもいますが、DXによって、どんなコンサルタントでもこのレベルの提案ができるようになるのです。

システム開発の目指すもの

社内が非効率で業務が遅ければ、当然、量をこなすことができません。そうなれば顧客の課題も、その先にあるＭ＆Ａ仲介の課題も解決できません。

業界課題と向き合い、顧客と向き合うために、社内の非効率は徹底して改善していく。私たちはそうした想いで、業務効率化を進めています。

顧客と対するのは「人」です。M&A仲介会社としての存在価値を考えれば、もちろんプラットフォームやシステムを活用した仕組み化や自動化は重要です。**しかし、あくまで人が最前線に立っているからこそ、こうした仕組みが活きてくる。**その意味でfundbookは、現在のM&A仲介に蔓延する属人化に問題の焦点を当てていますが、それと同時に「人」を大切にしていきたいと考えています。

ハイブリッド型マッチングモデルは、コンサルタントがより多くの顧客と関わることにより、効率的に情報の量と網羅性と品質を同時に確保することを可能にしています。

その結果として、顧客満足度を高めることができます。一方、コンサルタントの視点で言えば、成約数が多くなり、経験値が倍速で入ってきます。成約すると報酬にも反映され、従業員満足度も高まっていきます。

第2章でお話ししたように、The fundbook Modelには、顧客の成功と従業員の成功の両方がスパイラルアップしていく仕組みがあるのです。

現在かなりシステムが完成されてきましたが、永久に完成することはないと思います。そして、よりよいものにしていくためには、現場が徹底的に活用できるようにしていくことです。

現場が活用すれば課題が明確になり、そこで改善点が指摘されれば、それをシステムに反映していく。このループを繰り返すことが重要なのです。

The

第 5 章

The fundbook Modelが価値発揮した事例

fundbook Model

ここからは当社が支援したＭ＆Ａの事例を、担当したコンサルタントへのインタビューを通じてご紹介します。

それぞれの事例で、ハイブリッド型マッチングモデル、完全成功報酬制の料金体系、フェーズごとの分業体制とＤＸ、育成制度、コンプライアンス体制が組み合わさった The fundbook Model が、実際にどんな価値を発揮しているのかを見ていきます。

最初の事例は、玉ねぎ農家が譲渡企業、運送会社が譲受企業のＭ＆Ａです。ここでは特に、マッチングで重要な役割を果たした fundbook cloud に注目します。

２つ目の事例は、譲渡企業も譲受企業も建設会社のＭ＆Ａです。ここでは、緊急度の高いＭ＆Ａを実行するために高速でマッチングを進めた企業情報部が果たした役割に焦点を当てていきます。

３つ目の事例は、特殊な機器を製造するメーカーが譲渡企業、メーカー群を擁するホールディングス企業が譲受企業のＭ＆Ａです。ここでは、譲渡企業の魅力を引き出すために企業評価部が果たした役割に光を当てていきます。

事例①　玉ねぎ農家×運送会社。fundbook cloudが実現した最高のマッチング

成長戦略としてのM&A

譲渡企業は、淡路島で特産品の玉ねぎを生産する企業です。ECサイトのカテゴリーランキングでトップクラスに入るほどの生産力と販売力を持っていました。社員はベトナム人社員も併せて15名が在籍していました。

同社は70代のお父様と40代のご子息で経営している会社で、ご子息が経営執行を担っており、実質的な社長を務めているという状態。右肩上がりで成長しており、経営に困っている状態ではありませんでした。

コンサルタントである私は、M&Aという選択肢もあることをご提案したところ、「成長戦略」を進めるうえでよい条件があれば検討したいというご意向でした。

お話を伺っていると、事業をさらに成長させていくうえで課題があることも浮かび上がってきました。それは、需要に生産が追いつかず、品切れを起こしやすいことです。さらなる事業拡大のためにどうすればよいかを探られている段階でした。

M&Aを検討するにあたり、譲渡企業から提示された条件は大きく分けて3つありました。

まず、自社がさらに成長できるというポテンシャルを高く評価する譲受企業であること。次に、二社間で大きなシナジーを生み出せること。そして、ビジネスを一緒に進めていきたいと思えるような経営陣がいること。

事業と同時に価値観も合致するかどうかは、特に重視されたポイントでした。

予想外のマッチング

すぐにM&Aをしなければならない状況ではなく、理想的な候補がいる場合にはM&A

を検討したいというご意向でしたので、どうすれば同社の魅力を最大限アピールすることができるかを探っていきました。

業界全体を見ても、農業ビジネスで数億円単位の収益を上げている企業はほぼありません。多くの企業が赤字か、ギリギリの黒字経営を保っているような状況です。**そのなかで同社の収益性の高さの基盤となっているのはブランディングでした。**二代目となるご子息が中心となってマーケティングセールスに注力しており、ブランドとしての地位を固めることができていたのです。

商品はしばしば在庫切れを起こしていたため、譲渡企業では、農地を拡張することも検討していました。農地拡張によって生産・販売量が増加することで、売上の拡大が見込めます。未来にどれくらいの売上の拡大が見込めるのかを盛り込むことで、一層譲渡企業の魅力を伝えることができると私は考えました。

M&Aが成立した場合、譲受企業側が行う追加投資に土地代は含まれず、農機具やトラクターなどの費用に限定されます。こういった経費に関してもシミュレーションを行い、投資額の妥当性を伝える要素として盛り込んでいきました。

譲受企業の候補として私が検討したのは、農業や食品業界、グリーンビジネスなどの近接分野の業界でした。新たな投資を始めている大企業も含めて、幅広くアプローチを行いました。

食品業界のなかで検討したのは、たとえば大手外食チェーンの運営会社などです。ある外食チェーンは、玉ねぎの品質はもちろん、国産であることにもこだわっていました。産地と品質の両面で譲渡企業が魅力的に映り、最後まで検討していただきました。

私は担当コンサルタントとして、当然ながらできる限り譲渡企業にとって最高のマッチングを探すことに努めています。そこで、選択肢を広げるため、当社の運営するfundbook cloudにも情報を掲載しました。

fundbook cloudは、登録している企業に対して、メールマガジン形式で新着案件の情報が届くようになっているため、常時ログインしていない企業にもアプローチできます。

そうした仕組みもあり、情報公開からわずか1週間程度で複数の譲受候補企業からfundbook cloud経由でご連絡をいただくことができました。そのうち条件のマッチ度が高かった3社を譲渡企業の本社がある淡路島へお招きしました。**トップ面談を経て、仮オファーを複数社から受領。最終的に成約に結びついたのは、物流業界に属する運送会社でした。**

野菜をつくる会社と、それを運ぶ会社。言われてみればマッチ度が高いことがわかるのですが、なかなか人間の頭からは出てきにくい発想です。fundbook cloudでは、譲受企業が自らのリアルなニーズをもとに探すことができるのです。

コンサルタントからアプローチした企業ではない新たな可能性を見出すことができるのが、fundbook cloudの大きな強みです。このシステムがなければ、譲渡企業の条件を満たすマッチングは叶っていなかったかもしれません。

規模よりも「共感」を重視

こちらの運送会社と成約に至った要因のひとつは、譲渡企業のポテンシャルを高く評価いただいたことです。

成長戦略を目的としたM&Aであることもあり、譲渡企業の事業への深い理解と成長性を高く評価する企業でなければ成約はあり得ませんでした。これは、譲渡企業の事業の可能性を見極められているかどうかを判断する基準でもあったようです。

今回、譲渡企業からは業界水準よりも高い価額が提示されました。

しかし、農業は天候不順や病気の流行などによって大きく売上が左右されるため、なかなか「のれん代（営業権）」も含めて高い値が付きにくいのが実情です。

のれん代（営業権）

企業が保有する無形固定資産のこと。企業には、ブランドや顧客との関係性、優秀なスタッフの存在など、決算書に載らない無形資産が存在します。それらを将来的な収益を生む源泉であると捉え、時価純資産にプラスして最終的な評価額が見積もられます。この「将来的な収益を生む源泉」に価額をつけたものが、「のれん代」です。

のれん代は「営業利益の○年分」といった形で算出されます。たとえば「営業利益の3年分」なら、譲受企業は買収から3年後にはのれん代の回収が見込めることになります。


そこで、譲渡企業の強みをあらためて整理しました。

まず、多数の販路を有していること、また、マーケティングセールスに注力していること、それによって、大きなブランド価値があること、そして、農地拡張により生産能力の拡張が見込まれること。こうした情報を丁寧に企業概要書に落とし込んで、譲渡企業の魅力を訴求しました。

その資料を読み込んだ企業のなかでは、譲渡企業の企業価値に対して捉え方が大きく分かれました。

譲受を検討していた外食チェーンの1社は、譲渡企業を高品質な国産玉ねぎの仕入れ先のひとつとして捉えていました。しかし、譲渡企業の大きな強みは、確立したブランドによって高単価で販売できることです。それにもかかわらず、単なる玉ねぎの仕入先として捉えられて買収されてしまうと、ブランドがなくなってしまう懸念があります。

それに対して、成約することになった運送会社は、譲渡企業のブランドにこそ価値があり、それをそのまま活かしてほしいという想いでした。

この運送会社は、青果物に特化しており、青果物の長期保存を可能にする特許技術も持っています。この技術を活用した倉庫なら青果物を長期間保管できるため、玉ねぎを存分に生産することができます。

このように大きなシナジーが期待できるため、譲渡企業のオーナーは、「この会社となら、さまざまな挑戦ができるはず」と、第一印象からこの運送会社に大きな期待を寄せていたと言います。

そして、成約に至った最後の決め手は、譲渡企業と譲受企業が双方に「共感」できたことでした。

冒頭で紹介したように、譲渡企業は70代のお父様と40代のご子息の経営でした。譲受企業となった運送会社も同じように、親子経営でご子息が副社長でした。過去に経営難に直面したご経験も共通しており、創業家が自らの責任と志で経営してきたという境遇を共有していたのです。

譲受企業はfundbook cloud経由でご相談いただいてから、「明日にでも会いに行きたい」という積極的な姿勢でした。

オーナー企業でなければ、社内での上申や調整が発生しすぐにアクションを起こせないケースが多くあります。こうした状況で迅速に動けるのは、オーナー企業ならではの強みです。

ビジネスでのシナジーを感じ、相互の共感と信頼が生まれたこともあり、最終的には希望額の倍以上の価額を提示していただいてのご成約に至りました。

社内での連携で、こだわり抜いた資料

今回、特に意識していたのは、足元の財務状況だけでなく、いかに将来性を算出し、言語化できるかという点です。

単純に農業を行っている企業というだけではなく、マーケティングを自社で担いブランドを確立できていることと、オンラインストアでの直販で収益を上げていること、この2点は大きな魅力になったはずです。

さらに農地拡張については、実際に行政から承認を得ていることや、使える土地が明確になっていることも含めて資料に載せ、実際の土地借用の証明書も提示するなど、こうした細かな工夫も成約要因のひとつになったと感じています。

こうした資料作成の際に重要な役割を担ってくれたのが、「案件化」の工程で活躍する

当社の企業評価部です。

譲渡企業とアドバイザリー契約を締結した後、まず今回のM&Aの骨子を伝えたうえで、自分が作成する箇所以外の情報整理と資料作成を依頼します。このとき譲渡企業のよい点ばかりを伝えるのではなく、リスクも丁寧に共有する必要があります。そこで企業評価部は、譲渡企業にまつわる詳細な情報収集を踏まえて、強みも弱みもすべて正直かつ率直に記載します。

当社が作成した資料をベースにして、譲受を検討している企業は買収の是非を最初に判断します。

譲渡企業の魅力や強みばかりを提示することは、できなくはありません。しかし、結局はエグゼキューションの段階で、専門家を交えたデューディリジェンスによって弱みやリスクも明らかになってしまいます。そうすると価額が下がっていき、結果的に破談になってしまいかねません。これは譲渡企業、譲受企業双方にとって望ましいことではありません。

fundbookの企業評価部は、そうした点も考慮しつつ、満遍なく情報収集をし、譲渡企業と譲受企業の双方に不利益のないフェアな情報提供をすべく、公正な資料を作成します。万が一コンサルタントが偏ったディレクションをしてしまうことがあっても、企業評価部がブレーキをかけてくれているのです。

コンサルタントは、定量・定性の両面からの譲渡企業の優位性や強みをしっかり訴求しますが、企業評価部は冷静な目線で資料に落とし込みます。

譲渡企業の魅力を最大限伝えることと、譲受企業の納得が得られるものにすること、この2点を両立させるための工程として、企業概要書の作成は非常に重要なのです。

「M&Aありきではない提案」から、受託へ

企業を次のフェーズへ成長させたいという要望を叶える選択肢は、M&Aだけではありません。当社はあくまでさまざまな選択肢のなかのひとつとしてM&Aを知っていただき、気軽に相談していただける状況をつくることを目指しています。

そのため、今回も譲渡企業に「M&Aありき」でご提案するのではなく、「もしもM&Aをする場合に、譲受企業の候補はどれくらいいるのか」「どんなマッチングの可能性があるのか」をお伝えする「情報源」であり「相談相手」として当社を活用していただきたいという想いをお伝えしました。

お話を伺っていくと成長性もあり業績も好調であるため「いますぐM&Aをする必要性は高くない」と感じました。そのためM&Aの提案をするよりも、お客さまが「最大限に成長するための戦略」を一緒に考えさせていただきました。そして、何度かお打ち合わせの機会をいただいた後、御礼とともに「いつかM&Aを考える機会があれば、またご相談ください」というメッセージをお伝えして、いったんやり取りは終了しました。

しかし、2週間後の夜、ご子息からお電話があり「実は譲渡も考えているんだ」とお伝えいただきました。**後に聞くところでは、M&Aに絞らず幅広い選択肢に関するお話をさせていただいたことと、当社の「完全成功報酬制」という料金体系に魅力を感じていただいたそうです。**

こうした瞬間に、fundbookが「気軽さ」と「安心」をお客さまにご提供できていることを実感します。

「M&Aありき」ではなく、顧客の課題をどのように叶えていくかをフラットに考えることができ、入口のハードルを可能な限り低くしている。これによって、M&Aが必要かどうかわからない企業も、気軽にM&Aの要否を検討することができているのです。

フラットな情報提供が結んだM&A

今回は譲渡企業と譲受企業の双方に最もメリットの大きい「株式譲渡」の手法を用いて成約に至りました。

株主が変わって子会社化した状態になるため、譲渡企業の社名は残り、会社や事業内容はほぼ変わりません。今回のM&Aは双方にご満足いただけているとお伝えいただきました。

M&A仲介会社が間に入っている場合、譲渡企業と譲受企業の直接交渉は基本的にできません。そのため、コンサルタントが双方の事情を詳細に正しく伝えながらコミュニケーションを取っていく必要があります。しっかり納得をしたうえでプロセスを進めていただき、お互いの信頼感も持つことができるか。そうした双方の人間的な距離感も、コンサルタントの動きにかかっています。そのため、公平で公正な情報提供を常に意識して動いた末の成約でした。

成約後、譲渡企業は非常に好調な立ち上がりを見せていると聞いています。譲渡企業も社長と副社長、親子が切磋琢磨しながら、自社で生産するだけでなく、地元の農家の玉ねぎを仕入れて販売するなど事業のスケールも大きくなっています。

譲渡企業はもともと高収益でしたが、以前はECサイトでの注文を出荷するだけで深夜2時まで働き、そのまま現場で眠ってしまうほどの忙しさだったといいます。**それが、現在ではシステム化することで効率化を実現しているそうで、売上はM&A実施前の1.5~2倍になる見込みです。**

今回のM&Aをあらためて振り返ると、譲受先となった運送会社との出会いはfundbook cloudによるものでした。

プラットフォームを活用すれば、コンサルタントが予想した範囲を超えたマッチングが生まれます。さらに遡って言えば、譲渡のご相談をいただいてすぐに淡路島へと飛んだ私のフットワークや、M&Aを検討しないフラットなスタンスで安心を生むことができた点も評価をしていただきました。

そして、一方に偏らず、譲渡企業と譲受企業、そしてfundbookも含め、三方にとって公平なコミュニケーションを取ったことが、双方から信頼していただけた大きな要素になりました。

気軽に安心してM&Aを検討するには、仲介会社のこうしたスタンスは不可欠です。この意味でも、fundbookの理念は決して間違っていないはず。そう信じて、これからも顧客への価値提供を第一に活動していきます。

事例②

マッチング開始から３日で譲受候補６００社。企業情報部のサポートにより「倍速」で実現したM＆A

経営危機を脱するためM＆A実施へ

譲渡企業は、関西に本社を構え、大規模修繕、土木、塗装、そして注力分野である木造アパートの新築工事などを手がける建設会社でした。売上規模は7～8億円ほど。社員数は20名弱です。

譲渡企業の社長は、もともと経理担当のパートとして入社した女性です。人望が厚く、リーダーシップを発揮し、パートから正社員、部長、取締役を経て社長に就任。入社時、企業は赤字債務超過の状態に陥っていましたが、社長の手腕で業績は回復し、受注数も好調に回復。先代から「次に会社を継ぐのはお前しかいない」と言われ、株式を譲り受けました。

しかし数年後、社員による2～3億円規模の詐害行為が発覚しました。とある新築工事を受注した際、工事の責任者が詐欺グループと結託し、計画倒産を企てる架空会社と契約を結んでしまっていたのです。

建設業界は多重下請け構造にあり、元受けから一次受け、二次受け、三次受けと、委託会社が重なっています。今回の建設会社は三次受け、そして架空会社は二次受けの立場でした。結果、架空会社に支払われた現金は引き出され、使途は警察でも追跡不能。請求や取り立ても不可能に。借入金が膨らみ、資金繰りも著しく悪化しました。

こうした状況下で譲渡企業の社長は、従業員や取引先、協力業者を守るため、M＆Aを検討するに至り、顧問税理士のご紹介で当社にご相談いただきました。

株式譲渡から事業譲渡へ転換

譲渡企業の社長が強く希望していたのは「会社の屋号を残す」ことだったこともあり、当初は株式譲渡のスキームで、譲渡企業の資産と負債を共に譲受企業へと引き継ぐことを検討していました。

しかしM&Aを進めている途中で資金繰りが悪化。キャッシュアウトが先行する建設業では、営業面でも大きな足枷となり、自転車操業の状態に陥りました。また、負債を承継することが譲受企業にとってのネックとなっていました。そのため最終的に、屋号よりも従業員や取引先の保護、連鎖倒産防止を優先することになりました。

結果として、当初想定していた株式譲渡ではなく、譲受企業が負債を引き継ぐ必要のない事業譲渡のスキームで進めることになりました。

譲渡企業の社長は「M&Aが本当に成立するか」「会社と従業員の未来を守れるのか」を深く憂慮していました。建設業特有の協力関係の重要性から、自社の倒産による連鎖倒産のリスク、従業員の雇用喪失、築き上げてきた社風の崩壊といった事態を避けたい。その一心でした。

会社の状況は決して楽観視できるものではありませんでしたが、社長は非常に明るく前向きな姿勢で、必要な資料を迅速に提供してくださり、丁寧なコミュニケーションが印象的でした。

今回のM&Aは、複数のM&A仲介会社には相談せず、fundbookが専任で担当させていただきました。税理士事務所との信頼関係と当社の実績が決め手となったようです。

厳しい業績でも、成約に結びつける企業概要書の作成

譲渡企業は負債が大きく、財務状況は厳しいと言わざるを得ません。当然ながら、M&Aにおいて業績は重要な要素です。しかしそれと同時に同社は大きな強みを持っていました。それは若手技能者の多さです。

建設業界では、若手人材を採用しにくい傾向にあります。それにもかかわらず、若手人

材を豊富に有していることは、他社にない大きな優位性です。

さらに関西圏の主要エリアに近いという、特に同業の譲受企業にとって魅力的な立地条件も有していました。

こうした強みをフルに活かし、成約に結びつけるべくまず注力したのは企業概要書の作成です。企業評価部と連携して、決算書などの財務情報だけでは買い手の関心を惹きつけられないと考え、強み、人材、社風、実績といった多角的な魅力を盛り込み、企業価値を最大限に伝える戦略を取りました。

まず前述した若手人材の多さは大きな魅力になります。人材不足が深刻な建設業界において、若手を惹きつける理由、独自の人材育成方法、資格者の状況、ユニークな採用ルートなどを詳細にヒアリングし、企業概要書に細かく盛り込みました。

次に業績です。同社はM&A検討開始時点での業績が芳しくなかったとはいえ、詐害行為を受ける前は好調でした。つまり業績悪化は一時的なものだったと考えられます。それを裏付けるデータや、社長の入社から代表就任までの軌跡と業績推移などを明示することで、本来のポテンシャルの高さをアピール。特殊要因による赤字債務超過であり、正常な状況下では事業継続が可能だったことを明文化しました。

譲受企業の候補からの質問が多い詐害行為についても、譲渡企業と協議のうえ、可能な限り詳細な情報を掲載しました。特にあいまいな情報は、かえって買い手の判断を鈍らせます。センシティブな内容であっても、透明性を重視し最大限の情報開示に努めました。

マッチング開始3日で「600社」の候補をリスト化

建設業に関しては、譲受側も人手不足であるため、若手人材や有資格者が多く在籍していることを打ち出す方針に変えてから、多くの問い合わせをいただきました。

マッチングにおいて特に大きな効果を発揮したのが、当社のマッチングの専門部署である企業情報部との連携です。

本件の詳細を伝え、候補企業のリストアップを依頼すると、積極的に情報共有とマッチングを進めてもらうことができ、開始してから3日で約600社もの候補企業が掲載されたロングリストができました。

何百社もの企業へのアプローチは途方もない時間がかかる作業になりますが、たった４カ月ほどで約８００社の候補企業をリスト化することができました。

これほどの迅速なアプローチと資料作成作業が可能なのは、当社の分業体制の大きなメリットです。作成したロングリストをもとに、成約直前まで、案件の状況に合わせたアプローチを進めることができました。

アプローチの結果、４社とのトップ面談を実施。最終的に成約に至った譲受企業は、譲渡企業と同じエリアで建設業を営む、従業員数約50名、売上高40～50億円規模の会社となりました。従業員数が譲渡企業の約２・５倍の規模で、新築工事や改築工事を手がけている企業です。

譲受企業の社長が評価したのは、若手人材や有資格者の多さとともに、譲渡企業の社長の手腕と、同社長が築き上げた社風です。トップ面談や企業訪問を通じて、社長が会社を成長させてきたことを実感し、その雰囲気に強く共感してくださりました。

企業としてさまざまな窮地に陥っても、ステークホルダーを守ることを最優先に考え行動する譲渡企業の社長の姿勢にも、同じ経営者として支援したいという気持ちを抱いたと言います。

譲渡企業の社長もまた、譲受企業の申し出を歓迎。社長の人柄や、総務部長の対応から安心感を抱き、信頼関係を築くことができました。

M&Aでは「買ってあげる」といった目線で検討する経営者もいますが、このように社長同士が相互の「人柄」を重視してM&Aを決めたことも、両社が満足のいく成約に至ることができた大きな要因だったのではないかと思っています。

顧問税理士・弁護士との連携

事業譲渡のスキームを採用したため、譲渡企業のオーナーに負債が残り、社長は自己破産を申請しました。

M&Aが成立する前、銀行からは、約5億円の債務を一部カットし、会社を存続させる事業再生計画が提示されていました。

しかし、顧問税理士と弁護士から、債権カットの協議には長期間を要し、その間に資金繰りが悪化し、倒産する可能性が高いと指摘がありました。銀行のスキームではすべてを失い、連鎖倒産や雇用喪失につながる恐れがあったため、事業譲渡によって存続可能な部分を譲渡、残りを破産処理するスキームを選択することになったのです。

このように顧問税理士や弁護士の先生方といった社外の関係者の方々と連携し、最適なスキームを構築できたことが、譲渡企業、譲受企業、そして当社にとっても心強く、M&Aプロセスを進めることができた要因だと言えます。

企業評価部との連携

企業評価部との連携は、現場レベルの解釈と専門家の解釈とのすり合わせを社内で実現できるという点で大きなメリットがありました。

特に、今回は売上未回収の案件が多くあったため、その回収可否のジャッジを案件化の

時点で精査できていたことは案件の進行において大きなポイントでした。これにより、譲受企業に「メリットもデメリットも含めてすべてを公開している」という安心感を与えることができました。

デューディリジェンスでも開始前に譲渡企業から必要資料をご提供いただき、譲受企業に潜在的なリスクと対策を伝えていたため、想定外の事態が起こることなくスムーズに進行しました。スキームも、事前に提案した内容でスムーズに構築できたのは適切な準備があったからです。

超スピード決着の要因

M&Aは初回のご面談から成約まで、通常10カ月程度の期間を要するケースが多いですが、今回の事業譲渡はその半分以下となる、わずか5カ月で完了しました。株式譲渡スキームでのマッチングの期間やスキーム変更の協議の時間を含んで5カ月です。

先に述べた、当社の企業情報部、企業評価部との連携により、情報共有と資料作成が圧倒的なスピードで進行したことが、このスピーディな成約の大きな要因です。

従業員への説明は、譲渡企業の社長のご意向に沿って実施。具体的には、土曜日に従業員を集めて社長から経緯を説明した後、私があらためて詳細を説明。翌週には、譲受企業による従業員面談を実施し、私も同席しました。

事業譲渡における特有の課題は、従業員との関係構築です。従業員にとっては、突然の事業譲渡で雇用契約を締結し直す必要があるため、不安や戸惑いを感じるのは当然です。こうした機会を設けて詳細かつ丁寧に説明することで、従業員の不安やストレスを軽減するよう努めました。その甲斐もあってか、今回のM&Aを理由とした退職者は発生していません。

M&A後、譲渡企業は譲受企業の部署に統合されます。譲受企業としては類似の事業で新築・改修工事を展開しているため、従業員はもとの会社の役割にもとづいて各部署に配属されます。

譲渡企業の社長は、会社が崩壊や離散することなく、まとまった形で事業が引き継がれることに安堵され、経営者としての責務を果たせたのではないかと語られていました。そして、譲受企業に事業を引き受けていただいた以上、企業価値向上に貢献できるよう最大限努力するという決意のご表明もありました。

譲受企業としても、若手人材と有資格者を必要としていたため、M&Aによって同社の推進力となる人材を確保できたことは、今後の業績に大きく貢献すると期待を寄せています。

成約後も、両社と連絡を取り合い、綿密に状況を共有しています。また、公共工事の引き継ぎに伴う書類提出が必要となるため、アドバイスや書類作成支援もさせていただいています。

M&Aは「総合力」で成す

今回の成約の決め手は、大きく分けて2つありました。

まず、譲渡企業の強みを的確に把握し、詳細に資料に落とし込んだ点。また、そうして整理した情報を企業情報部へと共有し、迅速なマッチングを実現できた点です。

fundbook の最大の強みは、他に追随を許さないマッチング力にあります。

独立した個人や少人数の会社では実現できない、譲受企業の最新情報を網羅した「質の高いマッチング」と、圧倒的な「候補企業の数」は、顧客にとって最大の価値と言えます。顧客ニーズに合致した提案を、迅速に数多く、かつ網羅的な情報を併せ持って提供できる体制は他にはないものです。今回も、企業情報部とコンサルタントが連携した高速なマッチングがなければ、譲渡企業は資金ショートしていたかもしれません。

今回のM&Aは、さまざまな建設会社や関連会社が織りなす関西圏の地域経済と、若手・中堅従業員の雇用を守ったという点で、大きな意義を持つものでした。

その成功は、各担当者の専門性を最大限に活かしたチームワークの賜物です。顧問税理士からの紹介を起点に、私自身が経験を重ねて得てきた建設業に関する知見、企業情報部によるマッチング、顧問税理士・弁護士・社内法務部・社内税理士によるスキーム構築と譲渡企業の状況の把握、そして譲受企業への丁寧な情報提供、譲渡企業の社長の信念、譲受企業の社長のお人柄など、あらゆる要素が噛み合った結果と言えます。

特に、企業情報部のサポートは不可欠でした。複数の案件を抱えるなかで、やはりコンサルタントひとりでは、すべてのマッチング先に十分な対応をすることは不可能です。各分野のプロフェッショナルがそれぞれの役割を担い、お客さまと綿密な連携ができたからこそ、成功に至ることができました。

関係者全員の責任感と協調性によって成し遂げることができた成約だったと思います。

事例③ 超ニッチ企業の希望条件を叶えるM&Aを支えた企業評価部のサポート

市場の大半のシェアを取る超ニッチ企業

譲渡企業は、中部地方に拠点を置く、工作機械で使用されるフィルターや液面計といった特殊な機器の製造販売をする会社です。

従業員は５名。売上高は４億円程度ですが、実態利益は１億4000万円ほどの優良企業です。あえて「実態利益」としたのには理由があります。

M&Aでは、企業の経営状況やリスクの把握、最終的な譲渡価額の判断材料などを目的として財務分析をしますが、他の要素を考慮しながら、実態としてその利益が正しいかどうかを精査していきます。

同社の場合、帳簿上の営業利益は当時の最新期で6000万円、その前の期はマイナス1000万円になっていました。しかし、役員報酬額を見るとかなり多めに配分していたため、役員報酬額を一般的な水準に修正し、その他の項目も修正して計算すると、営業利益はおよそ1億4000万円出ていることがわかりました。そのため帳簿上の金額ではなく、実態利益として約1億4000万円の額に修正して分析を進めました。

同社が開発・製造する液面計とは、タンクなどの容器のなかにある液体の量を視認性高く計量するための機器です。非常にニッチですが、特定のクーラント液を使用するメーカーとして市場シェアの70〜80%を占めているため、高い利益率を維持しています。

液面計製造のマーケットは、市場規模が5億円程度と小さいため、大企業が参入してくるリスクはかなり小さいという特徴があります。また、この市場にアプローチしてくる競合他社も少ないため、高い水準のシェアを取っている状況が続いています。ただし、特許で守られているわけではないため、市場環境としては参入可能な状況でした。

後継者不在と経営疲れ

同社の社長は、54歳。数年前からM&Aを漠然と検討していました。事業は非常に好調で辞める理由はありませんでしたが、事業を続けることに疲れを感じていました。というのも、工作機械業界は他業界と比べて景気の変動が激しく、大手メーカーとの関係性を維持するために、全国的な営業活動をし続ける必要があるからです。社長ご自身も営業活動を行うことに疲労を感じながら、具体的な後継者がいないという状況で数年を過ごしていた状況でした。辞めてもいいし続けてもいいという心理状態になっていたなかで、ご相談をいただきました。

社長は2代目。2人のご子息がおり、会社を継いでほしいと考えていましたが、他業界で働いていたこともあり、戻ってくる確率は低いと認識していました。

そうしたことから現実的な事業承継の手段として、親族内承継でも社内承継でもなく、M&Aが有力な選択肢だと考えていたようです。ただし、親族内承継への想いもあり、「事業承継税制」をどのように活用できるかまで具体的に検討されていました。

事業承継税制

経営承継円滑化法の要件を満たしている中小企業の株式を、事業承継のために生前贈与や相続で取得した際に、本来納めるべき税金の納税猶予を受けられる制度。将来的に一定の条件を満たすことで猶予された税金は免除されます。

このように、あくまでM&Aを選択肢のひとつとして検討していただいているという状況からのスタートでした。

希望額は「手残り10億円」

社長がM&Aを実施するに向けて提示した条件は主に2つありました。

1つは、手元に10億円以上の金額が入ること。もう1つは、M&A後も裁量権を持ち、自由な働き方ができることです。

これらの条件を満たすお相手が見つかれば、M&Aを実行するという方針でした。課税される税金を差し引いて10億円を手元に残すとなると、譲渡価額を13億円にしなければ達成できない計算になります。価額が10億円では、手取りは8億円ほどしか残らず、それでは希望に合いません。

希望に合う額を出す譲受企業が現れるかどうか。M&Aのプロフェッショナルとして、業種や財務状況などの専門知識を持って仲介を行っている私も進めてみなければわからないところでした。

社長の示した手取り10億円という金額は、簡易評価をベースにして決めたものではありません。事業が好調ななか、手取りで10億円が残れば納得できるという、先代から受け継いできた企業の尊厳を大切にしたい想いから決定した金額でした。10億円であれば、会長のお父様にも納得していただける、そうした定性的な想いにもとづいて希望金額を決定されていました。

私としては、たとえ9億9０００万円であっても先に進むことはできないと判断しました。おそらく社長は10億円を下回れば、M&Aへの意欲がなくなるでしょう。そのため私は候補として挙がった譲受企業へ「13億円以上」を出していただけるよう交渉しながら、確実に手取りとして10億円が残るよう進めました。

社長はfundbookにご相談いただく前に、他の仲介会社にM&Aのご相談をされていました。

譲渡企業が特定のクーラント液を利用する工作機械向けの部品を製造しているのに対し、その仲介会社が提案した譲受候補企業は別分野の同様の工作機械向けの部品製造を得意とする企業で、液面計も取り扱っていました。この2社が組めばシナジーが大きいだろうという期待のもとにトップ面談を実施しましたが、破談になったと言います。

シナジーを期待することができ、社長は譲渡後も自由な裁量で経営を続けることも可能で、譲受候補企業の社長とも打ち解けることもできました。**しかしただひとつ、金額で折り合いがつかなかったのです。**前述したように社長の希望額は手取りで10億円でしたが、希望の手取りを大きく下回る意向表明書の提示があったと伺いました。先代からの想いもあり、10億円は死守したい。そのために成約に至ることはありませんでした。

徹底的な、譲渡企業の理解

そうしたなかで、当社がお送りしたDMをご覧になったことがきっかけで、fundbookにご相談しに来てくださったのでした。

ニッチな商材でもあり、高い希望額を提示していただいていたため、進行は容易ではないことは想像がつきました。**そこで私は、同社のニッチな業界構造と商流を正確に理解し、譲受候補となる企業へ正しく伝えていくことを重視しながら企業概要書の作成に注力しました。**

企業概要書は、譲受候補企業が具体的にM&Aを検討できるよう、M&A仲介会社が、譲渡企業の詳細な情報を開示する用途で作成します。譲渡企業は、この企業概要書にもとづいて自社の価値や魅力をアピールし、これを受けて譲受候補企業は譲渡企業とのM&Aに関するさまざまな検討を進めます。

企業概要書には、社名と本社所在地、譲渡企業情報のサマリー、業績の推移、主要製品やサービス、譲渡スキームなどに加え、貸借対照表（BS）や損益計算書（P／L）の情報なども記載します。このとき、保険の解約による積み増し分や、前述した役員報酬の適正額の計算などを考慮に入れたうえで加算・減算の調整をして、時価純資産を算出します。ここで過度に加算しすぎたり、減算しすぎたりすることなく、適正な金額を算出することが重要です。

そして同じく企業概要書に記載した「インベストメント・ハイライト」の欄もかなりこだわって情報を整理し作成しました。この欄は、要するに譲受企業が投資判断をする際の基準となるポイントをまとめるというものです。

特に今回の譲渡企業の場合は、業種や商材の特徴が世間一般にはあまり認知されていません。その結果として、譲受候補企業に提案しても「何をしている会社かよくわからない」といった反応をいただくことが非常に多くありました。そのため、まずは私自身が徹底的に理解を深めたうえで、それをテキストに落とし込み、投資判断の基準として情報を並べていきました。

1つ目のポイントとしては、まず同社の開発・提供している液面計・フィルターという商品についてまとめました。このフィルターが工作機械装置に取り付けるものであり、液面計を外注する装置メーカーのなかでは約80％のシェアを獲得していることを強調しました。

２つ目のポイントとして、業績について強調しました。譲渡企業は毎期、安定的な利益計上をしていました。その背景には３００社以上もの販売先を保有しており、安定した受注ができている状況がありました。これにより堅牢な財務内容を維持していたのです。

そして、３つ目のポイントは、将来性についてです。事業の運営をメインで担っている３名の従業員の方々は、年齢も比較的若く、まだまだ稼働の余力がありました。そのため、今後、受注が増加しても問題なく対応できる組織体制と言える状態でした。

こうした経営状況が、企業概要書を読めば高い解像度でわかるようにこだわり抜きました。

これらの他にも、事業セグメントとしてどのような構成になっており、利益率が高いのはどの領域で、どこに強みがあると言えるか。商流としても、大手の工作機械メーカーとの直売取引を実現している点など、譲受候補企業が気になると想定されるポイントを押さえ、可能な限り具体的な話ができる状態を徹底的につくりました。

譲渡企業の情報を一番理解しているのは、当然ながら、当事者である社長です。しかし譲渡企業の社長はM&Aの相手を見つけてくるという目的で自社の価値を訴求する視点や切り口は持っていません。そのため、M&Aコンサルタントとして専門知識を持っているからこそ切り出せる情報を組み合わせ、資料に落とし込み提案を進めていったのです。

譲受候補「111社」への効率的なアプローチ

企業概要書の作成には、いくつかの工程があります。

まず企業概要書を作成するにあたり、情報収集をする必要があります。これはM&Aコンサルタントの仕事です。ここで、譲受候補企業のオーナーとお会いしたときをイメージしながら、どのような資料が必要になるかを精査しつつ情報収集を進めていきます。

次に、集めた情報を入力する工程です。正直なところ、多くのコンサルタントにとって、情報を集めることよりも、この入力工程が最も大変で苦労する点です。

当社には、譲渡企業の企業価値算定などを適切に実施するための膨大な情報を蓄積して資料作成を進める「企業評価部」という部隊があり、企業概要書に必要な情報を集めたうえでの入力作業はこの部署に依頼することができます。

しかしここで、ただお願いするのではなく、コンサルタントが意志を持ち、どのような構成にすればいいのかを考えて依頼しなければ質の高い資料はでき上がりません。丸投げすればいいわけではなく、マッチングやエグゼキューションを見据えた全体のディレクションが必要なのです。

とはいえ、企業評価部の存在は、コンサルタントにとって大変ありがたいものです。というのも、たとえば1名のコンサルタントが、3つの案件を並行して担当しながら、1つの企業概要書を前述した品質で作成しようと思えば、おそらく数カ月はかかってしまいます。**しかし、企業評価部に依頼することで、それを3週間から1カ月程度で、しかもハイクオリティに仕上げてもらうことができます。**

さらに当社には膨大な譲受候補企業の情報から譲渡企業に適したマッチング候補をリストアップして資料にまとめる企業情報部がありますが、今回のM&Aがはじまったのは、企業情報部が設置される前でした。そのため、譲受候補企業のリストである「ロングリスト」はほぼ自分ひとりで作成しました。しかし、その途中で企業情報部が新設されたことで、リストアップした企業への電話によるアプローチをお願いすることができました。

その結果、111社という数の譲受候補企業に対し、スピーディにアプローチすることができ、最終的に4社とのトップ面談に至りました。

希望条件を満たす内容で合意ができ、成約

トップ面談をしたのは、工作機械関連のメーカーと商社、それからファンド、そしてメーカー群を擁するホールディングス企業です。

最終的に成約に至ったのは、メーカー群を擁するホールディングス企業でした。譲受企業のオーナー社長はもともと銀行出身で、日本の中小企業と製造業は団結していかなければいけないという熱い想いを持った方でした。その譲受企業自体、オーナーが別の企業を買収して経営している企業で、さらなるグループ拡大を図りたいというタイミングで譲渡企業と出会えたのです。

財務状況も非常によく、希望条件を満たす提示をいただくことができました。

最終的にM&Aの方式は株式譲渡で、譲渡後2年間は現社長が取締役社長として継続し、

その間に後継者を採用・育成してから退任するという形になりました。クロージングの日には、譲渡企業の本社で、従業員への開示を経て現在の状況と今後の見通しに関する具体的な説明をし、資金関係の手続きも問題なく終了することができました。

譲受企業となったホールディングス企業の社長は、優良企業をグループに収めることができ、シナジー効果を感じていただいているようです。譲渡企業の社長は希望条件通りの売却額だったこともあり、一定のプレッシャーを感じられていたようですが、グループ参画後、順調な経営継続と引継ぎができています。

fundbookの分業体制の強み

今回のM&Aを成約に結びつけることのできた大きな要因は、企業概要書を徹底的に準備したことです。譲渡企業の希望条件を正しく理解し、企業概要書を正しく丁寧に分析してつくり込んだことで、条件が達成されるような資料にすることができました。**実態を正しく魅力的に伝える努力をし、当社のリソースを使って効率的にスピード感を持って進められたことが成約につながったのです。**

fundbookの強みは、企業概要書の作成ノウハウが非常に充実していることです。過去の企業概要書がすべてストックされており、ノウハウが蓄積されているため、いつでも詳細かつ網羅的な資料を作成できる体制が整っています。それらは譲受企業への強い説得材料になります。

ハイレベルな資料作成を効率的かつ迅速に作成できるのは、分業体制によるものです。今回は企業概要書作成のための入力業務と資料の制作を依頼し、想定以上のクオリティの資料を作成いただくことができました。入力業務も機械的なものではなく、文書の読み解きや計算が必要で難易度が高く、時間もかかるものです。

さらに譲受候補企業を見つけ出す際には、企業情報部によって数多くの新規候補先とつないでもらえたことも大きな助けとなりました。こうした作業は、コンサルタントひとりでは膨大な時間を要しますし、そもそもアプローチできる企業数には限界があります。分業体制による専門部隊との連携によってプロセスの効率化を図れるのは、組織に属するコンサルタントならではの特権であり、fundbookの持つ大きな強みです。

コンサルタントの仕事として重要なのは、譲渡企業と譲受企業が納得したマッチングを実現するために「どのような条件が揃っている必要があるか」を的確に把握しておくことです。

条件を高く見積もりすぎても、低く見積もりすぎても、よいマッチングには至りません。逆に言えば、そこを把握することができれば、最適なマッチングが実現できる可能性はぐっと高まるはず。そうした想いから、譲渡企業の発信すべき情報と、譲受企業の求める情報の両方の把握に努めたのです。そうすることで、私たち仲介会社の第三者的な視点を踏まえた最適なマッチングポイントが見えてきました。

ただ、本当の意味で成約の決め手になったのは、私というよりも譲渡企業の社長のお人柄だと感じています。トップ面談では緊迫した空気になることもよくありますが、社長は非常に物腰柔らかく話を進められ、会議室での打ち合わせの後に社内のご案内もしながら、終始、深いコミュニケーションを取られていました。

何度も社内を案内していると、従業員からＭ＆Ａを検討していることに気づかれてしまう恐れもありますが、社長はしっかりと自社のことを知ってほしいという想いで丁寧に案内されていました。そうした真摯な姿勢が、最後には決め手となり、譲受企業のM&Aをしたいという想いを引き出していったように感じています。

このような最高の出会いを生むためにM&Aコンサルタントは存在しています。最適なマッチングを実現するきっかけづくりとして、これからも引き続き、そしてより多くの企業から気軽にご相談をいただけることを目指して進んでいきます。

おわりに

The fundbook Model を M&Aの新常識へ

本書を執筆した理由

M&Aはいま政府も重視している経営戦略であり、さまざまな制度やガイドラインが整えられています。本文でも触れたように、注目度の高まりに伴ってM&A仲介会社も増加し、ニーズが増えることで国内でも年間4000件以上のM&A実施件数に達しているという事実があります。

注目が高まるなか、メディアでも取り上げられるように、社会からさまざまな目が向けられることもあります。そうした一般に流布されている言説や噂に対し、「M&A仲介会社とは、本当はこういうものだったのか」「fundbook はこんな問題に向き合っていたのか」とご理解いただき、お客さまに安心してM&Aを検討していただきたい。

私たちfundbookは何者なのか。独自の経営システムを体系立てて運用し、結果を出すことができている今だからこそ、私たちがどんな思想で何を目指している企業なのかを知っていただきたい。資料ではなく「書籍」という形で、心を込めてお伝えしたい。

そう考えて本書を執筆しました。


私たちは、2024年12月23日付で株式会社チェンジホールディングスにグループインしました。この決断にはいくつかの理由があります。

まず重要なのが、ブランド力の強化による採用力の向上です。本書でも紹介したモデルによって市場で競争力を持って戦ってきた私たちですが、今後のさらなる成長は人材なくして実現できません。未上場から上場企業傘下へとポジションを変えることで、知名度向上とともに私たちのビジョンに合致した人材の獲得を進めます。

そして何より大きいのが事業シナジーの創出です。2017年の創業よりM&Aスタートアップとして走ってきた私たちですが、競争の激化、そして後継者不在をはじめとした社会課題の深刻化が進むなかで、パーパスを実現するためには新たなスタイルを模索する必要がありました。

市場がうねりを上げて拡大している局面において、チェンジホールディングスの有するデジタル技術とDXにまつわる豊富なナレッジ、全国各地の自治体と連携したネットワークは、私たちの「気軽にM＆Aの相談ができて、安心してM＆Aが選択できる新しい世界を創出する」というパーパス実現に向けた強い推進力になります。

M＆A市場が拡大するにつれ、今後ますます仲介会社の真価が問われる時代になります。そうしたなかでチェンジホールディングスと私たちのアセットを掛け合わせることで、The fundbook Modelの提供価値をさらに高めていきたい。

私たちは経営におけるすべての意思決定において、M＆Aに対するお客さまの「気軽さ」と「安心」を追求することを大前提とすることは変わらず、これからも前進していきます。

M＆Aで救われる方々

私が原体験として大切にしているエピソードがあります。

それは、従業員が10人ほどの規模の譲渡企業を担当したときのことです。

譲渡企業の社長は、M&Aという重大な決断に、最終契約ギリギリまでやるかやらないかを迷っていた方でした。朝は「やる」と言っても、不安になって夕方には「やめる」と前言撤回することもありました。

社長自身だけのことを考えるなら、必ずしもM&Aをする必要はないかもしれません。ただ、10人ほどの従業員を抱えており、さらにその従業員には家族がいる。外注していた業者や協力会社など、関わる企業は100社ほどありました。

そこで私は「このM&Aを実施することで、救われるのは社長だけではありません」と背中を押し、最終的にM&Aを実施するに至りました。

コンサルタントとして担当していたのは私でしたが、私以外の、従業員やステークホルダーの方々も賛成したM&Aでした。社長以外の全員で、M&Aをするという決断を一緒に後押しできたのです。

コンサルタントがいなければ、社長の個人的な考えでM&Aをやめるという判断に至っていたかもしれません。**しかし、私は「人」として社長と相対し、「M&Aを実現するこ**

とによって、救われる方々がたくさんいらっしゃる」ということをきちんとお伝えすることで、ご決断いただくことができました。

The fundbook Modelでは、分業体制やテクノロジーによって、コンサルタントが顧客に費やせる時間を最大限に捻出する仕組みを構築しています。まさしくこれによって、「人」にしかできないコミュニケーションができたと思っています。

The fundbook Model を社会実装する

fundbookは、過去の失敗体験やいただいたフィードバックをすべて蓄積しながら前進しています。これによって同じ失敗を繰り返さず、顧客の満足度を着実に上げていきたい。過去には100点だったことが、現在では50点になる場合もあります。それをまた現在の視座に則って100点に高めていく。それを突き詰めてきた先で行き着いたのが The fundbook Modelです。

私たちは特別なことをしているわけではなく、仲介会社の本来あるべき姿を突き詰め、顧客にとって理想のサービス像を求めているにすぎません。業界にはまだまだ根深い問題が残っています。**それらを着実に解決に導き、The fundbook Modelを「M&A仲介の新常識」として波及させていくことで、M&Aの新たな形を示していきたい。**それが現在、私たちfundbookが存在している意義でもあると思っています。

私たちは、まず中期的にThe fundbook Modelの仕組みをしっかりと盤石なものにして回せるよう、コンサルタントの育成を丁寧に進めていきます。

そして長期的にはfundbook cloudを世間一般に幅広く公開して、皆さんが利用できるようなプラットフォームに育てていくことで、M＆Aについて気軽に相談でき、安心して選択できるような世界をつくっていきたい。

何があろうとも、顧客のために誠心誠意働く。顧客と従業員、いずれにも必ず幸せになっていただく。そうした世界を目指して、私たちはM＆A仲介のさらなる改革を目指していきます。

参考文献

・「２０２１年版　中小企業白書」経済産業省 中小企業庁ホームページ
(https://www.chusho.meti.go.jp/pamflet/hakusyo/2021/PDF/chusho.html)

・「２０２３年版　中小企業白書」経済産業省 中小企業庁ホームページ
(https://www.chusho.meti.go.jp/pamflet/hakusyo/2023/PDF/chusho.html)

・「２０２４年版　中小企業白書」経済産業省 中小企業庁ホームページ
(https://www.chusho.meti.go.jp/pamflet/hakusyo/2024/PDF/chusho.html)

・「中小企業の成長経営の実現に向けた研究会 第２次中間報告書」経済産業省 中小企業庁ホームページ
(https://www.chusho.meti.go.jp/koukai/kenkyukai/seichoken/240628_report.pdf)

［著者略歴］

渡邊 和久（わたなべ・かずひさ）

株式会社fundbook 代表取締役

東北大学教育学部卒。2010年に株式会社山形銀行へ入行し、中堅・中小企業の法人営業に従事。同行営業支援部にて中小企業を対象とした事業承継・M&A業務を担当する。2018年にfundbookへ入社し、ガス・エネルギー専門チームの立ち上げに従事し、同業界の企業を中心に数多くのM&Aを支援。2023年10月、同社執行役員M&A推進本部長に就任。2024年4月、同社代表取締役に就任。

The《ザ》 fundbook《ファンドブック》 Model《モデル》

2025年3月21日　初版発行

著　者　渡邊 和久

発行者　小早川幸一郎

発　行　株式会社クロスメディア・パブリッシング
〒151-0051 東京都渋谷区千駄ヶ谷4-20-3 東栄神宮外苑ビル
https://www.cm-publishing.co.jp
◎本の内容に関するお問い合わせ先：TEL（03）5413-3140／FAX（03）5413-3141

発　売　株式会社インプレス
〒101-0051 東京都千代田区神田神保町一丁目105番地
◎乱丁本・落丁本などのお問い合わせ先：FAX（03）6837-5023
service@impress.co.jp
※古書店で購入されたものについてはお取り替えできません

印刷・製本　株式会社シナノ

©2025 Kazuhisa Watanabe, Printed in Japan
ISBN978-4-295-41078-2　C2034